행복한 숲

행복한 숲

머리글

2010년 한 해 동안에 인터넷 한국 명상원 카페에 올린 365개의 옹달샘 글을 한곳에 모았습니다. 옹달샘에서 흘러나온 물이 강을 이루어 바다를 향해 가듯이 일 년 동안 쓴 옹달샘 글도 모두 하나의 방향을 향해서 가고 있습니다.

우리가 일상을 살면서 겪는 일은 모두 죽음을 향해서 가고 있는 일입니다. 누구에게나 죽음은 두려움과 괴로움입니다. 태어남이 괴로움이고, 삶이 괴로움이고, 죽음이 괴로움 입니다. 이러한 괴로움 속에서 어떻게 하면 행복하게 살 것인가에 대한 방법이 옹달샘 글이 가는 방향입니다.

2010년에 출판한 위빠사나 문고 옹달샘 1은 '바라는 것이 없으면 괴로울 일이 없다'였습니다. 그리고 올해 출판하는 옹달샘 2는 '마음은 늙지 않는다'입니다. 바라는 것이 없어야 괴롭지 않고, 마음이 늙지 않아야 괴롭지 않습니다. 몸은 늙었지만 마음까지 늙었다고 생각하면 괴롭고 슬픕니다. 이런 지혜를 가지고 행복한 삶을 사는 것이 위빠사나 수행입니다.

괴로움이 있으면 반드시 행복도 있습니다. 괴로움에서 벗어나 행복하기 위해서는 감각적 쾌락과 극단적 고행을 뛰어넘어 중도를 실천해야 합니다. 괴로움을 있는 그대로 알아차리는 중도가 괴로움에서 벗어나는 유일한 길입니다.

옹달샘은 위빠사나 수행에 대한 잠언입니다. 옹달샘 글을 한 조각씩 모으면 위빠사나 수행의 밑그림이 그려질 것입니다. 이 길은 위대한 성자들이 가신 길이며, 이제 우리가 가야할 길입니다. 뒤에 오는 세대들도 가야할 길입니다. 이 길은 혼자서 가는 길이지만 바르게 사는 많은 사람들이 가는 길입니다. 그러니 외롭더라도 두려워하지 말고 계속해서 가야합니다.

옹달샘 글은 정해진 길로 가는 과정이라서 같은 내용이 반복됩니다. 매일 때때로 느껴지는 단상을 적다 보니 더욱 그렇습니다. 어제 한 말을 오늘 다시 확인하고 그대로 실천하기 위해서 반복하는 것을 이해하여 주시기 바랍니다.

이 길은 아는 자만이 가는 길입니다. 가기 어려운 길을 가는 수행자들에게 삼가 경의를 표합니다. 여러분의 선한 마음이 여러분에게 행복을 줄 것이며, 다른 사람에게도 행복을 얻게 할 것입니다.

묘원 합장

괴로움의 원인은 갈애이고, 갈애의 원인은 느낌이다. 갈애가 없으면 괴로움이 없고, 느낌이 없으면 갈애가 없다. 느낌의 원인은 정신과 물질이고, 정신과 물질의 원인은 무명이다. 정신과 물질이 없으면 느낌이 없고, 무명이 없으면 정신과 물질이 없다.

1

괴로움의 원인은 갈애고, 갈애의 원인은 느낌이다. 갈애가 없으면 괴로움이 없고, 느낌이 없으면 갈애가 없다. 느낌의 원인은 정신과 물질이고, 정신과 물질의 원인은 무명이다. 정신과 물질이 없으면 느낌이 없고, 무명이 없으면 정신과 물질이 없다.

2

알아차리면 계율을 지키고, 계율을 지키면 고요함을 얻고, 고요함을 얻으면 지혜가 난다. 알아차림 하나로 계정혜를 지키면 더 이상 바랄 것 없는 행복을 얻는다.

3

받아들이는 것은 관용이고 베푸는 것은 보시다. 알아차
리면 관용이 생기고, 관용이 있으면 보시를 한다. 보시
는 고요한 마음을 일으켜 스스로를 평화롭게 한다. 받아
들이지도 않고 베풀지도 않고 행복을 얻으려 하지 마라.

4

기회가 왔다고 해서 자기 것이 아니다. 기회는 준비된
사람, 원하는 사람, 노력하는 사람의 것이다.

5

모를 때는 몰라서 괴롭고 알 때는 알아서 괴롭다. 알
아도 괴로운 것은 완전하게 알지 못해서다. 완전하게
아는 것이란 괴로움은 단지 느낌이며, 나의 괴로움이
아니고 순간의 마음이 괴로운 것이고, 괴로움은 일어
나는 순간에 사라진다고 아는 것이다.

6

좋지 않아서 문제지만 좋은 일에도 문제가 있다. 좋은
것이라고 해서 무조건 다 좋은 것은 아니다. 좋은 일
도 바라는 마음으로 하면 번뇌가 계속되고 바라지
않는 마음으로 해야 번뇌가 없다.

지혜가 있어도 괴롭고 지혜가 없어도 괴롭다. 완전한
지혜는 괴로움이 있다고 아는 것이다.

내가 좋은 일을 한다고 생각하면 욕망이 생겨 스스로
를 구속한다. 좋은 일을 하고도 결과가 나쁜 것은 내
가 한다는 생각 때문이다.

9

행복은 현재의 행복이 있고 미래의 행복이 있다. 대상을 알아차리는 순간이 현재의 행복이며, 이 행복이 미래의 행복을 만든다. 불행은 현재의 불행이 있고, 미래의 불행이 있다. 알아차림이 없는 순간이 현재의 불행이며, 이 불행이 미래의 불행을 만든다.

10

세상은 세상의 의지대로 흐르고 나는 나의 의지대로 흐른다. 내가 세상을 시비할 것이 없고, 세상이 나를 시비할 것이 없지만 그렇지 못해서 괴롭다. 세상의 일은 세상의 일로 두고, 내 일은 내 일로 두어야 한다.

🙏 11

세상은 세상의 의지대로 굴러가고 나는 나의 의지대로 굴러간다. 세상의 의지는 내가 어쩔 수 없지만, 나의 의지는 내가 일으킬 수 있다. 나의 의지를 새로 내지 않으면, 이미 만들어진 과보에 의해 굴러간다. 자신의 새로운 의지를 낼 때만 자신의 의지대로 굴러간다. 자신의 새로운 의지란 알아차림이고, 알아차리는 것이 수행이다.

🙏 12

무엇이 되는 것도 중요하지만 어떻게 하는 것이 더 중요하다. 과정이 나쁘면 결과가 나쁘고, 과정이 좋아야 결과가 좋다.

13

사랑한다고 해서 모든 것을 원하는 대로 다 주어서는
안 된다. 사랑하기 때문에 오히려 절제해야 한다.

14

윤회의 시작은 무명이다. 무명은 시간을 의미하지 않
고, 다만 원인이 되는 조건을 말한다. 시간은 문제의
본질을 해결하는데 아무런 도움이 되지 않는다. 그래
서 단지 과거라고 말한다.

세상의 소리를 모두 귀담아 들을 것 없다. 세상에는 악한 의도를 가지고 남을 비난하는 것을 즐기는 사람도 있다. 남을 비난하는 사람은 자신의 축적된 성향으로 사는 것이다. 그의 말은 그의 것이며, 그 말의 과보는 그가 받는다. 상대의 말을 듣고 내가 괴로우면 '나'라는 아상으로 받아들인 것이다. 왜 상대와 섞이려 하는가? 그는 그의 길을 간다. 남이 나를 비난하는 말에 반응하면 나와 상대가 맞수가 된 것이다. 상대가 하는 말은 상대의 것으로 두어야 한다. 내가 괴로워서 울고 싶을 때 상대의 말을 핑계로 슬픔을 즐기지 마라.

16

달라고 요구하는 사람이 자기 입장만 내세워서는 안
된다. 주는 사람의 입장도 배려하는 것이 바른 자세
다. 받을 것을 받는 것처럼 요구하면 못 받거나 미움
을 사면서 받는다. 받았으면 감사하게 여기고 잘 사용
하는 것이 회향하는 것이다.

17

돈은 생활을 위해 필요한 것이지 이상이 되어서는
안 된다. 돈이 정의가 되면 정신이 몰락한다. 정신이
몰락하면 불선행을 하고 그 만큼의 고통이 있다.

🧘 18

부처는 많은 생애 동안에 쌓은 최상의 바라밀 공덕으로 태어났다. 그렇다면 부처는 과거에 쌓은 바라밀 공덕으로 부처가 되었는가? 전생의 바라밀 공덕만으로는 부처가 될 수가 없다. 현생에서 부처가 될 수 있는 최상의 노력을 해서 부처가 되었다. 과거생의 과보도 중요하지만 현생의 조건이 충족되어야 한다.

🧘 19

자신의 허물은 남이 숨겨줄 수가 없다. 부모나 스승이라고 해서 허물을 감추어 줄 수는 없다. 자기가 지은 허물은 결국 드러나기 마련이다. 어떤 허물이냐에 따라 그에 합당한 결과가 따른다.

20

자신의 사랑 없이 남의 사랑을 바라지 마라. 자신의 희생 없이 남의 희생을 바라지 마라. 자신의 노력 없이 남의 노력을 바라지 마라.

21

가족은 각자의 축적된 성향이 여과 없이 드러나는 관계다. 사랑하는 사람으로 만나기도 하고 원수로 만나서 살기도 한다. 가족이 서로에게 도움이 되지만, 자식이 부모에게 누가 되고 부모가 자식에게 누가 되고 형제자매가 서로에게 누가 된다. 이런 가족 관계에서 누가 누구를 탓하겠는가? 가족은 만날 조건으로 만나서 애증이 교차하며 사는 관계다.

22

무슨 일을 하거나 열심히 하되 균형에 맞게 해야 한
다. 욕망으로 일을 하면 피곤하고, 피곤을 풀려고 감
각적 쾌락을 집착한다. 좋은 일을 열심히 하는 것도
정도가 지나치면 나쁜 결과가 생긴다.

23

죽음을 두려워하지 않는 사람은 누구인가? 원인과 결
과를 알면 죽음을 두려워하지 않는다. 원인과 결과를
알면 나고 죽는 것이 단지 조건에 의해 일어나고 사라
지는 것일 뿐이지 내가 없다고 알아 죽음이 두렵지
않다. 죽음을 두려워하는 사람은 누구인가? 원인과
결과를 모르면 죽음을 두려워한다. 원인과 결과를 모
르기 때문에 절대적인 존재의 지배를 받고 산다고
알고, 내가 있다고 알아 죽음을 두려워한다.

24

남을 집착해 보았자 결국에는 그의 길을 간다. 그러니
자신도 자신의 길을 가야 한다.

25

받아들이는 것은 관용이고 베푸는 것은 보시다. 알아
차리면 관용이 생기고, 관용이 있으면 보시를 한다.
바라는 마음 없이 보시를 하면 고요한 마음이 일어나
지혜를 얻는다.

26

바른 법을 만나기가 어려워서 바른 사람이 되기가
어렵다. 바른 법을 만나도 선업의 과보가 없으면 바른
사람이 되기가 어렵다. 선업의 과보가 있어도 노력하
지 않으면 바른 사람이 되기가 어렵다.

27

알아차림은 단순의 미학이다. 알아차리면 있는 그대
로 알아 대상이 명료해진다. 단순할 때만 실재하는
성품을 본다.

28

윤회하는 세계에서는 두 가지의 시작이 있고, 두 가지의 끝이 있다. 첫째는 과거에 무명으로 시작해서 현재에 무명이 계속되어 미래에 무명으로 끝이 난다. 둘째는 과거에 갈애로 시작해서 현재에 갈애가 계속되어 미래에 갈애로 끝이 난다. 무명과 갈애의 시작과 끝이 윤회고, 이것이 윤회의 근본원인이다.

29

윤회가 없는 세계에서는 지혜로 시작하여 지혜로 끝난다. 무명으로 태어났지만 현재 지혜로 시작하여 미래에 지혜로 끝나면 다시 태어나지 않는다. 무명과 갈애가 없는 것이 지혜며, 지혜가 있으면 바라는 것이 없어 다시 태어나는 생이 없다.

30

윤회하는 세계에서는 무명으로 시작하여 무명으로 끝난다. 과거에 모르는 채로 태어나서 현재에도 모르는 채로 살다가, 미래에 모르는 채로 죽으면, 다시 모르는 채로 태어난다. 시작도 무명이고 끝도 무명이면 연기의 회전을 멈추지 못한다.

가장 괴로울 때가 지혜를 얻기 좋은 때다. 가장 힘든 곳이 지혜를 얻기 좋은 곳이다. 가장 싫은 사람이 지혜를 얻기 좋은 사람이다.

31

시간이 약이 아니고, 지혜가 약이다. 시간은 일시적인
방편이고, 지혜가 완전히 해결한다.

32

물질에 인색한 사람은 마음이 인색한 사람이다. 인색
하면 관용이 없어 수행을 해도 발전이 없다. 인색하면
살아서도 아귀고, 죽어서도 아귀로 태어난다.

33

수행이 어려운 것은 맡기고 의지하는 것이 아니기 때문이다. 믿고 의지하면 편안히 얻을 수 있지만, 수행은 실천하는 것이기 때문에 지혜가 있는 자가 아니면 할 수 없다.

34

눈을 감으면 어디에 있건 정신과 물질만 있다.

 35

자기가 태양이면 다른 태양을 용납하지 않는다. 태양
은 하나가 아니다. 모든 존재가 저마다 태양이다.

36

가장 괴로울 때가 지혜를 얻기 좋은 때다. 가장 힘든
곳이 지혜를 얻기 좋은 곳이다. 가장 싫은 사람이 지
혜를 얻기 좋은 사람이다.

37

현자는 자랑을 하지 않고, 다만 있는 것을 말합니다.
범부는 자랑을 하고, 없어도 있는 것처럼 말합니다.
현자는 체면치레로 말하지 않고, 오직 진실을 말합니
다. 범부는 체면치레로 말을 하고, 진실을 외면합니
다. 알아차림이 있으면 현자이며, 알아차림이 없으면
범부입니다.

38

친구도 철없을 때 친구지 세월이 흘러 독선에 빠지면
친구가 아니다. 인생을 잘못 살면 순수성을 잃고 아집
에 사로잡힌 찌든 모습만 남는다. 나만 옳다고 주장하
고 남의 말을 듣지 않는 친구라면 이제 친구가 아니
다. 사람들은 변한다. 과거에 사랑했던 친구는 실재하
지 않고 단지 기억 속에만 있다. 아직도 이런 친구를
사랑한다면 몰라서 그러니 따뜻하게 이해하라.

39

어리석어서 감각적 쾌락을 추구하거나, 극단적인 고행을 해서 괴로움을 겪는다. 괴로움으로 인해 자유를 찾을 수도 있고, 괴로움으로 인해 더 괴로울 수도 있다. 어리석음이 지혜로 바뀌거나, 어리석음이 더 깊은 어리석음으로 가는 것은 오직 자신이 선택해서 결정하는 것이다.

40

강해서 이루었지만 강해서 모든 것을 잃는다. 강함만 있고 부드러움이 없으면 몸과 마음이 병을 앓는다.

41

위빠사나 수행의 시작은 수행이 잘 안 되는 것을 알아
차리는 것으로부터 출발한다. 수행이 잘 안 되면 교만
한 마음이 사라진다. 수행이 마음대로 되지 않으면
조건에 의한 현상만 있고 자아가 없는 것을 안다.

42

즐거운 느낌 때문에 괴롭고, 괴로운 느낌 때문에 즐거
움을 알고, 덤덤한 느낌 때문에 고요함을 안다. 즐거
운 느낌을 찾지 말고 그냥 있는 느낌을 알아차려라.
고통이 아닌 것이 행복이다.

43

자아가 있는 한 괴로움이 소멸될 수 없다. 자아가 강하면 강한 만큼 괴롭다. 자아가 강해서 괴로우면 꿈속에서까지 괴롭다. 평소의 자아가 꿈까지 연결되기 때문이다. 자아가 있어서 행복한 것 같지만 사실은 모든 고통의 원천이다. 내가 태어난 이래 노력해온 것은 고통뿐인 자아를 강화하는 일밖에 없었다. 그래서 한 일생을 살면서도 괴롭고, 꿈속에서까지 괴로운 것이다. 꿈은 잠재의식 속에 저장된 기억이 표상으로 나타난 것이다. 잠재의식에서 완전히 자유로우려면 아라한이 되어야 한다. 그러므로 악몽을 두려워하지 말고 평소에 알아차리도록 노력해야 한다.

44

내 생각이 중요하듯이 남의 생각도 중요하다. 생각의 옳고 그름을 따지기에 앞서 누구나 저마다의 생각을 하고 있다는 현실로부터 출발해야 한다.

당신은 좋은 일을 하기 위해서 세상에 태어났습니까? 아니면 나쁜 일을 하기 위해서 태어났습니까? 아니면 이도저도 아닌 삶을 살기 위해 태어났습니까? 좋은 일을 어떻게 하는지 몰라서 못했거나, 좋은 일을 하고 싶어도 마음대로 되지 않아서 못했다면, 이제 굳은 마음을 먹고 수행을 하십시오. 위빠사나 수행이 당신에게 가장 고귀한 정신세계를 열어 줄 것입니다. 만약 당신이 나쁜 일을 하기 위해서 세상에 태어났다면 이는 비참한 일입니다. 지금도 이렇게 사는 것이 비참한 일이지만, 앞으로도 계속해서 비참하게 살아야 합니다. 이것은 당신의 축적된 성향 때문입니다. 그렇다면 반드시 수행을 해야 합니다.

46

이 세상은 여러 가지의 미세한 계층이 있다. 그 계층
은 사람들의 마음이 다르기 때문이다. 이 세상의 계층
은 사람들 마음의 계층이다.

47

알아차림이 없는 덤덤한 느낌은 무지의 느낌이라서
괴로움이 있다. 알아차림이 있는 덤덤한 느낌은 고요
한 느낌이라서 즐거움이 있다.

48

자신이 경험하지 않은 정신세계는 알 수가 없다. 욕망
이 있는 사람은 욕망이 없는 세계를 알지 못한다. 자
신의 욕망을 자각하지 못하면 욕망이 없다고 한다.

49

생각으로 내린 결론을 확신해서는 안 된다. 고정관념
은 진실의 본질에서 벗어나 있다. 경험을 통해서 내린
결론이라고 할지라도 자기 수준의 견해에 불과하다.
오직 스승의 가르침과 실천을 통해서 얻은 궁극의
지혜만이 가장 신뢰할 만한 것이다.

50

명예나 불명예는 나의 것이 아니다. 명예를 집착하면
괴로움을 겪고, 불명예를 집착하면 비난을 감당하지
못한다. 명예나 불명예는 일어난 순간에 사라진다.

51

느낌으로 얻는 행복은 완전한 행복이 아니다. 느낌이
있는 한 무엇을 얻어도 만족할 수 없기 때문이다. 느
낌이 소멸한 열반이 완전한 행복이다. 느낌이 소멸하
면 갈애가 사라져 더 이상 바랄 것이 없기 때문이다.

생각이 일어나지 않도록 알아차리는 것과, 알아차려서 생각이 일어나지 않는 것은 다르다. 전자는 바람이 있는 마음으로 사마타 수행이며, 후자는 바람이 없는 마음으로 위빠사나 수행이다. 생각이 일어나지 않도록 알아차리는 것은 대상과 하나가 되어서 번뇌가 일어나지 못하게 하는 수행이다. 이때는 강력한 근본집중을 해서 선정의 고요함을 목표로 한다. 알아차려서 생각이 일어나지 않도록 하는 것은 대상과 아는 마음을 분리해서 알아차린 결과로 번뇌가 일어나지 않게 하는 수행이다. 이때는 찰나집중을 해서 지혜가 생긴다. 인위적으로 대상과 하나가 되는 것은 사마타며, 있는 그대로를 분리를 알아차리는 것은 위빠사나다.

 53

남의 잘못을 단죄할 필요가 없다. 자신의 행위는 자신
이 과보로 받는다. 그 과보도 자신이 받는 것이 아니
고 받는 순간의 마음이 경험한다. 한 순간의 마음이
일어나고 사라질 때 이미 잘못도 일어나고 사라졌다.
그러므로 잘못을 단죄 받을 사람도 없고, 더구나 단죄
할 사람도 없다. 모든 것은 조건에 의해 일어나고 조
건에 의해 사라지는 현상만 있다.

54

남이 나를 더럽힐 수 없으며 정화시킬 수 없다. 자기
스스로 더러워지고 스스로 정화시킨다. 내가 남을 더
럽힐 수 없으며 정화시킬 수 없다. 자기 스스로 더러
워지고, 스스로 정화시킨다.

55

일어나고 사라지는 것을 알아차리는 것과 일어나고 사라지는 것을 아는 지혜는 다르다. 일어나고 사라지는 것을 알아차리는 것은, 알아차림을 지속하여 집중력을 키우는 것이다. 일어나고 사라지는 것을 아는 지혜는, 무상을 아는 통찰지혜를 얻은 것이다. 먼저 대상을 알아차려서 집중력을 키운 뒤, 대상의 성품을 알아야 도과를 성취한다.

56

법의 수레바퀴를 돌린다는 것은, 사물의 이치를 꿰뚫어보는 통찰지혜를 가진 것과 어떻게 가르침을 펼지 아는 지혜가 난 것을 말한다.

57

통찰지혜로 열반을 실현하려면 마음에 번뇌의 티끌
이 없어야 하고, 욕망으로부터 떠나야 하고, 때 묻지
않은 순진무구한 마음이어야 한다. 대상을 알아차려
서 법의 눈이 일어나면 집착을 여읜 뒤에 도과를 성취
한다.

58

물질적인 것만으로는 진정한 행복을 얻을 수 없다.
집착이 없는 정신적 평화가 진정한 행복이다.

🧘 59

마음은 대상을 아는 기능을 한다. 그래서 마음은 대상
이 있어야 일어난다. 화를 낼 때는 마음이 화를 대상
으로 한다. 좋아할 때는 마음이 좋아하는 것을 대상으
로 한다. 잠을 잘 때는 마음이 잠을 대상으로 한다.
열반에 들 때는 마음이 열반을 대상으로 한다.

🧘 60

자신의 생각과 남의 생각이 완전하게 일치할 수 없다.
축적된 성향이 다르고 입장이 다르기 때문이다. 생각
은 조건에 의해 일치할 수 있고 일치하지 않을 수도
있다. 생각들이 완전하게 같을 수 없으므로 공통분모
를 찾는 것이 지혜다.

순간순간의 마음이 그 사람의 모습이다. 사람들의 마음이 그 사회의 모습이다. 사람이나 세상은 모양으로 드러나지만, 모두 마음이 있어서 그대로 나타난 것이다.

61

과거의 생각이 현재의 생각과 같지 않고 현재의 생각
이 미래의 생각과 같지 않다. 마음은 흐르는 물과 같
고, 흐르는 시간과 같다. 과거의 내가 현재의 내가
아니고, 현재의 내가 미래의 내가 아니다. 흐르는 물
은 단지 물이고, 흐르는 시간은 단지 시간이지 나의
것이 아니다. 흐르는 마음도 단지 마음이지 나의 마음
이 아니다.

62

세상에는 세상의 방법이 있고 진리에는 진리의 방법
이 있다. 세상의 방법은 진리를 알지 못하고 진리의
방법은 세상을 안다.

63

마음이 가난한 사람은 작은 것에 목숨을 걸고 마음이
부자인 사람은 큰 것에 목숨을 건다. 마음이 고요한
사람은 어떤 것에도 목숨을 걸지 않는다.

64

누려서 얻는 행복보다 절제해서 얻는 행복이 더 값지
다. 누리면 더 많은 것을 얻으려 하지만 절제하면 더
얻을 것이 없다.

65

말을 많이 하는 사람이 오히려 말하는 것을 혐오할 수도 있다. 이 두 가지의 상반된 것들 중에서 무엇이 진실인가? 말을 많이 하는 것이 진실인가, 말하는 것을 혐오하는 것이 진실인가? 실재하는 것은 모두 진실이므로 두 가지가 모두 진실이다. 말은 마음이 하며, 마음은 일어나는 순간에 사라진다. 마음은 조건에 의해 변하며, 자아가 아닌 것을 아는 것이 진실이다.

66

보이는 능력만 얻으려 하지 말고 보이지 않는 지혜를 얻어야 한다. 능력을 집착하면 욕망을 키우고 지혜를 얻으면 욕망이 소멸한다.

🙏 67

세속에서는 원인과 결과가 지속된다. 알아차림이 없
으면 악순환만 있다. 출세간에서는 원인과 결과가 없
다. 알아차리면 악순환이 끊어진다.

🙏 68

생각은 해도 생각하는 자는 없다. 괴로움은 있어도
괴로운 자는 없다. 즐거움은 있어도 즐거운 자는 없
다. 순간의 마음이 경험할 뿐 그것을 소유하는 자는
없다. 마음은 일어나면 사라져서 항상 하는 자아가
없다.

69

남에게 의지하는 믿음은 맹목적인 신앙이 되기 쉽다.
무조건 따르면 고요함이 있지만 해탈의 자유가 없다.
수행의 지혜로 얻은 믿음은 확신에 찬 신앙이 된다.
스스로 실천하는 노력을 해야 해탈의 자유를 얻는다.

70

생명이 사는 세계의 모든 존재 중에서 인간이 가장
강력한 마음을 가지고 있다. 인간은 선행을 해서 아라
한이 될 수도 있으며, 불선행을 해서 무간지옥에 떨어
질 수도 있다. 해탈을 하는 것도 인간의 마음이 하며,
목숨을 끊는 것도 인간의 마음이 한다.

관념의 세계에서는 더 관념적인 사람이 존경을 받는다. 실재의 세계에서는 더 실재적인 사람이 존경을 받는다. 존경한다는 것은 그 가치를 인정하는 것이다. 관념으로 사는 사람은 실재를 모른다. 그러나 실재를 사는 사람은 관념을 안다. 관념의 정신세계에서 벗어나 실재하는 세계를 알았기 때문이다. 낮은 단계의 정신세계는 높은 단계의 정신세계를 알지 못한다. 그러나 높은 단계의 정신세계는 낮은 단계의 정신세계를 안다. 이는 마치 낮은 단계의 천인이 더 높은 단계의 천인을 볼 수가 없고, 높은 단계의 천인은 낮은 단계의 천인을 볼 수 있는 것과 같다. 살아서나 죽어서나 정신적 수준에 따라서 각각의 세계가 있다.

72

내가 세상에서 최고라는 것은, 내가 위대하는 것이 아니고 최고의 지혜를 가진 것을 말한다. 무상, 고, 무아의 지혜가 나면 이번 생이 마지막이고 다시 태어나는 재생이 없다. 다시 태어나지 않으면 모든 고통으로부터 벗어나기 때문에 최고의 지혜라고 한다. 누구도 알 수 없는 이 법을, 최상의 깨달음 얻어야 알기에 최고의 지혜라고 한다.

73

위빠사나 수행자는 저만 알지 않습니다. 자신부터 알아차리고 난 뒤에 남을 알아차립니다. 다시 나와 남을 함께 알아차려서 알아차림을 소홀히 하지 않습니다. 자기만 아는 것은 이기심으로 선하지 못한 행위입니다. 그래서 어떤 사람이거나 자신부터 알아차리는 것이 좋습니다. 자신부터 알아차리는 것은 바로 저만 아는가를 살피는 것입니다. 자신을 알아차려서 관용과 자애가 생기면 자연스럽게 남에게도 넘쳐흘러갑니다.

74

헤어질 때 버림받았다고 생각하지 마십시오. 단지 조건이 맞지 않아서 헤어진 것입니다. 세상의 일은 필요해서 만났다가 때가 되면 헤어지는 법입니다. 헤어짐이 나쁜 것만은 아닙니다. 헤어져서 더 잘될 수도 있습니다. 헤어짐을 아름답게 장식해야 다음에 좋은 일이 있습니다. 상처를 입히고 나쁘게 헤어지면 오래도록 과보의 고통을 받습니다. 내가 부족했다면 개선하고 맞지 않았다면 다시 선택하십시오. 나만 옳다고 하지 말고 남에게 누가 되지 않도록 하십시오. 만남과 헤어짐은 일상의 일입니다. 헤어짐을 통하여 지혜를 얻으십시오.

75

순간순간의 마음이 그 사람의 모습이다. 사람들의 마음이 그 사회의 모습이다. 사람이나 세상은 모양으로 드러나지만 모두 마음이 있어서 그대로 나타난 것이다.

내가 옳다고 생각하는 것은 자신만의 견해일 수 있다.
탐욕, 성냄, 어리석음으로 만들어진 고정관념은 객관
적이지 못하다. 그러므로 자신의 생각을 지나치게 확
신해서는 안 된다. 판단의 여지를 남겨 두어야 나와
남이 모두 이익을 얻는다. 위빠사나 수행을 해서 얻은
무상, 고, 무아의 지혜가 바른 견해이나.

법은 알아차릴 대상이며 무상, 고, 무아를 아는 것이
다. 대상의 특성을 알아야 있는 그대로 안다. 법이란
사물이 가지고 있는 본래의 모습이다. 법을 알면 괴로
움에 빠지지 않아서 자기 스스로를 보호한다.

78

자기가 한 말이나 글은 이미 내 것이 아니다. 자기로부터 떠난 것은 받아들인 자의 것이다. 자기 일에 대한 책임은 있지만 그것을 소유할 권리는 없다.

79

깨달음을 얻는 수행에서는 결코 특별한 것이 없다. 수행은 남이 하는 대로 해야지 특별한 행동을 해서는 안 된다. 어디서 무엇을 하거나 하고 있는 것을 알아차린다. 수행이 안 되면 안 되는 것을 알아차리고, 잘되면 잘 되는 것을 알아차린다. 괴로우면 괴로운 것을 알아차리고, 즐거우면 즐거운 것을 알아차린다. 모든 것은 알아차릴 대상이며, 수행자는 대상을 지켜보기만 하면 된다. 단순함이 지속되면 조건이 성숙되어 무상, 고, 무아를 보는 지혜가 난다. 통찰지혜가 날 때만 갈애가 끊어져 연기의 회전이 멈추고 윤회가 끝난다. 이 길은 살아있는 모든 생명이 가야할 가장 궁극의 가치를 지닌 길이다.

아직 일어나지 않았거나 이미 일어난 불선업은 다섯 가지 장애로 감각적 욕망, 악의, 혼침과 게으름, 들뜸과 후회, 회의적 의심이다. 아직 일어나지 않았거나 이미 일어난 선업은 일곱 가지 깨달음의 요소로 알아차림, 대상의 탐구, 노력, 희열, 평안, 집중, 평정이다. 불선업이 일어나지 않았으면 일어나지 않도록 알아차리고 일어났으면 소멸하도록 알아차려야 한다. 선업이 일어나지 않았으면 일어나도록 알아차리고 일어났으면 더 증장시키도록 알아차려야 한다. 선업이나 불선업은 모두 알아차릴 대상이다. 법은 와서 보라고 나타났으므로 대상이 나타나면 불선업과 선업에 상관없이 오직 있는 그대로 알아차려야 한다.

모든 생명은 저마다 고유한 특성과 보편적 특성을 함께 가지고 있다. 고유한 특성은 경험할 수 있는 실재하는 현상이다. 몸의 고유한 특성은 지, 수, 화, 풍 4대이다. 마음의 고유한 특성은 선심, 불선심, 과보심, 무인작용심이다. 보편적 특성은 몸과 마음이 무상, 고, 무아라는 진실이다. 수행자는 먼저 대상이 가지고 있는 고유한 특성을 알아야 한다. 이렇게 알면 이 특성이 변하고, 괴로움이며, 실체가 없는 것을 안다. 무상, 고, 무아의 법은 위빠사나 수행의 알아차림에 의해서만 통찰된다. 이 법을 알면 집착이 끊어져서 다시 태어나는 고통을 겪지 않는다.

82

내가 화를 내면, 화를 내는 순간부터 나의 몸과 마음
이 불타고 다른 사람도 불타게 한다. 내가 화를 내면,
화를 내는 순간부터 과보를 받고 죽어서도 과보를
받아 고통뿐인 존재로 태어난다.

83

어차피 오늘 하루는 간다. 원하거나 원하지 않거나
오늘 하루는 간다. 어차피 가는 하루를 어떻게 살 것
인가?

84

윤회하는 세계에서는 종착역이 없다. 잠시 간이역에
서 머물다 다시 떠나야 한다. 떠날 때는 언제나 눈물
을 훔쳐야 한다.

85

무엇이나 모두 알려고 하지 마라. 불필요한 일은 망상
을 일으킨다. 감당할 수 없는 것을 구하지 마라. 힘에
넘치는 일로 인해 자멸한다. 정도를 벗어나서 바라는
것은 모두 감각적 욕망으로 하는 것이다.

86

가져서 이익이 안 되고, 손해나는 것이 있다. 욕망으로 움켜쥔 것은 괴로움만 남는다.

87

허송세월을 살아서 열심히 산다. 방황했기 때문에 진실을 찾는다.

88

진리는 필요한 사람에게는 약이고 필요 없는 사람에게는 장애다.

자아가 없다고 해서 자신의 행위에 대한 도덕적 책임이 없는 것이 아니다. 자신이 한 행위는 그 순간의 마음에 종자로 저장되었다가 때가 되면 과보로 나타난다. 행위를 한 순간의 마음은 일어나서 사라지고 없고, 행위의 과보를 받는 마음도 같은 마음이 아니다. 하지만 뒤에 일어난 마음이 과보를 받는다면 앞서서 행위를 한 마음의 도덕적 책임은 있다. 그래서 앞서 있던 마음과 뒤에 있는 마음이 같은 마음이 아니라고 할 수 없다. 그렇다고 같은 마음이라고 할 수도 없다. 여기에는 오직 원인과 결과만 있다. 같은 마음이라고 하면 상견에 빠지고 같은 마음이 아니라고 하면 단견에 빠진다.

수행은 생각으로 하지 않고 알아차림으로 하며, 지식으로 하는 것이 아니고 지혜로 한다. 수행은 머리고 하지 않고 노력으로 하며, 맹목적으로 하는 것이 아니고 믿음을 가지고 한다. 수행은 들뜬 마음으로 하지 않고 집중하는 마음으로 하며 수행의 목적은 오직 번뇌를 부수고 행복을 얻는 것이다.

고통을 겪고 지혜를 얻으면 저금을 까먹은 뒤 더 많이 저금한 것이다. 고통을
겪고 지혜를 얻지 못하면, 저금을 까먹은 통장만 쥐고 있는 것이다.

언제 어떤 불행이 닥칠지 모르니 항상 선하게 살아야 합니다. 선하게 살면 위험이 오지 않도록 선과보의 보호를 받습니다. 설령 불행이 왔다 하더라도 슬기롭게 극복할 수 있습니다. 선하게 살면 선과보가 따르며 불선과보가 와도 비켜갑니다. 어쩔 수 없는 불선과보가 왔을 때는 선한 마음이 괴로움을 종식시킵니다. 지나온 삶을 돌이켜보십시오. 얼마나 위험한 순간이 많았습니까? 지금 이정도로 살고 있는 것은 선하게 산 과보를 받은 것입니다. 앞으로도 과거와 같은 위험이 항상 도사리고 있습니다. 그래서 계속 선하게 살아야 합니다. 선한 것은 관용과 보시와 지계와 수행입니다.

92

하고 싶은 것을 모두 하고 살 수는 없다. 무엇으로도 욕망을 충족시키지 못한다. 선한 마음이 있어서 선한 일도 하지만, 선하지 못한 마음으로 나쁜 일도 한다. 바르게 살기 위해서는 절제가 필요하다. 절제가 없이는 바른 삶을 살 수 없다.

93

누구나 진리에 대한 믿음을 가지고 있지만, 진리의 수준만큼 믿지 못하고 자기 수준만큼만 믿는다. 소중하고 가치가 있는 것도 자기 수준만큼만 갖는다.

음식을 먹을 때 몸은 스스로 선택하지 못한다. 몸은 어떤 것이나 그냥 받아들여서 소화를 시킬 뿐이다. 몸은 음식이 어떻다고 자각하지 못하고 들어오는 음식을 받아들이는 단순한 기능만 한다. 그래서 몸은 조건에 의해서 작용만 하는 물질이다. 몸은 있지만 이것이 나의 몸이 아니다. 나의 몸이 아닌 것을 내 몸이라고 하는 것이 유신견이다. 몸이 그러하듯이 마음도 똑같이 나의 마음이 아니다. 마음은 있지만 매순간 일어나고 사라지면서 변한다. 조금 전의 마음과 현재의 마음이 같은 마음이 아니고, 현재의 마음과 조금 뒤의 마음이 같은 마음이 아니다. 마음은 있지만 같은 마음이 아니고 실체가 없어서 무아라고 한다.

95

상대를 저만 안다고 비난하면 자신도 나만 아는 똑같은 사람이다. 유신견이 있는 사람은 자기만 알아서 남을 비난하지만, 유신견이 없는 사람은 상대도 자아가 없다고 알아서 남을 비난하지 않는다. 유신견이 없는 사람은 상대가 나를 비난해도 상대를 비난하지 않는다. 자아가 없으면 비난할 상대도 없고 비난을 받을 나도 없다.

96

해방은 자유를 얻는 것이지만 방종의 위험이 따른다. 속박에서 벗어나면 반드시 절제가 있어야 한다. 자유가 제어되지 않으면 갈애가 일어나 고통을 겪는다. 도덕적 규범 안에 있는 해방이 진정한 자유다.

🔺 97

고통을 겪고 지혜를 얻으면, 저금을 까먹은 뒤 더 많
이 저금한 것이다. 고통을 겪고 지혜를 얻지 못하면,
저금을 까먹은 통장만 쥐고 있는 것이다.

🔺 98

잘못된 것을 잘못이라고 알아차리는 것과, 잘못된 것
을 문제 삼아서 괴로워하는 것은 다르다. 전자는 잘못
을 있는 그대로 알아차리는 것이고, 후자는 잘못을
문제 삼아 알아차리지 못한 것이다. 전자는 잘못을
알아차렸기 때문에 괴롭지 않고, 그래서 개선될 여지
가 있다. 후자는 잘못을 문제 삼아 스스로 괴로움을
사고, 그래서 개선될 여지가 적다. 완벽을 추구하는
것은 결벽증이다. 모든 것이 완벽할 수는 없다. 지나
치게 완벽을 추구하면 본인도 괴롭고 주위도 함께
괴롭다. 모든 불화의 원인은 완벽을 추구하는 자신의
성향에 있다. 오히려 관용으로 받아들이고, 부드럽게
지켜보는 것이 완벽을 향해서 가는 길이다.

99

나는 실수를 합니다. 그래서 남의 실수도 이해합니다.

100

도인을 찾아다니지 말고, 스스로가 도인이 되십시오.
도는 남이 주는 것이 아니고, 스스로 만드는 것입니
다. 도는 생각하는 것이 아니고, 스스로 실천하는 것
입니다. 도는 밖에 있는 것이 아니고, 자신의 몸과
마음에 있습니다.

101

내가 상대에게 화를 내는 것은, 자신에게도 화를 내는
것이다. 내가 상대를 훈계하는 것은, 자신에게도 훈계
하는 것이다.

 102

남을 위해 헌신하는 것이 보살의 정신이다. 남을 위하는 것이 바로 자신을 돕는 것이다. 누군가의 헌신으로 많은 사람들이 이익을 얻는 것은 아름다운 일이다. 이 세상은 헌신하는 사람들에 의해 선한 세상이 만들어진다. 당신은 남과 나의 행복을 위해서 헌신하는 사람이 되겠는가, 아니면 남이 한 봉사로 이익을 얻는 사람이 되겠는가?

103

열반은 번뇌가 불타버린 지고의 행복이다. 의식이 있는 동안에는 괴로움에서 벗어날 수 없지만, 의식이 끊어진 열반에서는 어떤 번뇌도 침투하지 못한다. 열반은 생각으로는 갈 수 없고, 통찰지혜로 갈 수 있는 곳이다. 아무리 달려가도 끝에 도달할 수 없지만, 통찰지혜로 가면 열반이라는 끝이 있다.

과거에 지은 업으로 괴로운 사람이나, 이번 생에서 윤회를 끝내려는 수행자는, 자신의 몸과 마음을 알아차려야 한다.

잠이 오지 않을 때는 잠을 자려고 하지 말고, 불안한 마음을 알아차린 뒤에 호흡을 알아차려야 한다. 오지 않는 잠을 자려고 하면 마음이 들떠서 잠이 더 달아난다. 호흡을 알아차리기 위해서는 지속하는 노력이 필요하다. 호흡을 알아차려서 잠이 달아나면 수행을 할 수 있어서 더 좋다. 잠자는 것 대신에 수행을 하면 잠을 자지 않아도 피곤하지 않다. 불면증의 최대의 적은 끊임없이 생각하는 것과 두려움이다. 마음을 최대한 단순하게 하고 호흡에 머물게 하면 생각이 소멸한다. 이렇게 호흡을 지속적으로 알아차리면 자연스럽게 숙면을 한다.

아름다운 경치와 웅장한 건물은 감동을 줍니다. 아름다운 사람이나, 선한 마음은 감동을 줍니다. 남을 위해 헌신하는 모습이나, 상대의 친절은 감동을 줍니다. 이 세상에는 예술적이고, 고귀한 것이 많고, 이것들은 모두 감동을 줍니다. 그러나 진정한 감동은 보이는 대상이 일어나고 사라지는 것을 아는 것이며, 이것을 보는 자신의 마음도 일어나고 사라지는 것을 아는 것입니다. 일어나고 사라지는 무상을 보는 지혜야말로 진실한 감동입니다. 실제로 일어나고 사라지는 현상이 있고, 무상을 아는 마음이 위빠사나의 도입니다. 이것을 아는 것이 가장 위대한 감동입니다. 이제 더 이상 다른 감동을 바라지 마십시오.

107

안 되는 것을 반드시 되게 하려고 하지마라. 안 되는 것은 '안 되네' 하고 알아차려야 한다. 노력은 하되 지나치게 집착하면 더 안 된다. 있는 그대로 알아차리는 것이 잘 되게 하는 것이다. 안 되는 것을 무리하게 하려는 것이 탐욕이고, 탐욕으로 시작하면 화를 내고 무지로 끝난다. 되고 안 되는 것은 조건의 성숙여부로 결정된다. 수행은 갈애가 없는 바른 마음으로 출발해야 한다.

108

어느 날 이사 가듯이 이번 생을 훌쩍 떠나려면 복잡하게 살지 마라. 바라는 것이 많으면 홀연히 떠나기가 어렵다.

109

알아차림은 두는 알아차림과 있는 알아차림이 있다. 처음에 수행을 시작하면 계속해서 알아차려야 한다. 이것이 두는 알아차림이다. 두는 알아차림으로 집중력이 생기고, 지혜가 나면 크게 노력하지 않아도 자연스럽게 있는 알아차림이 된다. 두는 알아차림은 노력과 함께 있고, 있는 알아차림은 지혜와 함께 있다. 처음에 두는 알아차림을 하려면 지속적인 노력을 해야 한다. 이렇게 해서 생긴 알아차림의 힘이 나중에는 있는 알아차림으로 바뀐다. 있는 알아차림이 생기면 믿음과 지혜가 알아차림을 이끈다.

110

진실은 멀리 있지 않고, 과거나 미래에 있지 않고, 오직 현재에 있다. 진실은 현재를 아는 마음에 있다.

남의 불행에 내가 이익을 얻고, 나의 불행에 남이 이익을 얻는다. 자신의 이익을 기뻐하지 말고, 불행을 슬퍼하지도 마라.

113

정신은 정신의 길을 가고, 물질은 물질의 길을 간다. 정신은 원인과 결과로 일어나고 사라지는 길을 가며, 물질도 원인과 결과로 일어나고 사라지는 길을 간다. 정신과 물질이 가는 길은 모두 똑 같은 길이다. 이 길에는 초월적 존재나 자아가 개입되지 않는다. 정신과 물질이 가지고 있는 실재하는 진실은 이것뿐이다.

내 마음이 아니라서 내 마음대로 되지 않는다. 내 마음이면 내가 마음먹은 대로 되어야 한다. 내 마음이 아니라서 항상 마음이 바뀐다. 바뀌는 마음을 어쩌지 못하는 것이 무아다. 순간의 마음은 있지만 일어나고 사라지며, 원인과 결과에 의해서 변하는 마음만 있다. 무아를 알기 위해서는 위빠사나 수행을 해서 무상과 괴로움이 있는 것을 통찰해야 한다. 무아를 알지 못하면 영원히 윤회계를 떠돌며 끝없는 괴로움 속에서 신음하며 살아야 한다. 무상, 고, 무아를 알면 느낌과 갈애가 소멸하여 고통뿐인 윤회의 긴 여정으로부터 벗어난다. 아직 더 즐길 거리를 찾아 헤매고 있다면, 무명이 눈을 가리어 욕망의 늪에 빠진 것이다.

114

일이 잘되면 잘 되어서 이익이 있고, 일이 잘 안되면 안 되어서 이익이 있다. 일이 잘 되면 원하는 것을 성취할 수 있어서 좋은 일이고, 일이 마음먹은 대로 잘 안되면 무아를 알 수 있어서 좋은 일이다. 잘된 것에서는 그것대로의 이익이 있고, 잘 안된 것에서도 그것대로의 이익이 있다.

115

자아가 강하면 윤회를 끊지 못해 가장 불행하게 사는 사람이다. 불선행을 해도 잘못을 알아차리면 어리석음이 소멸되어 윤회가 끝난다. 자기만 생각하고 행동하는 사람은 영원히 윤회계를 벗어날 수 없다.

자동차에서 제일 중요한 것은 엔진이 아니고 브레이크다. 자동차에서 중요하지 않은 것이 없지만 가장 중요한 기능은 제동이다. 가는 것도 중요하지만 멈추는 것이 더 중요하다. 사람에게 제일 중요한 것은 가슴에 있는 심장이 아니고 절제다. 사람에게 중요하지 않은 것은 없지만 자신을 관리하는 것이 가장 중요하다. 계율은 막아서 보호하기 때문에 절제하는 것이 삶의 기본이어야 한다. 하고 싶다고 해서 무엇이나 행동하면 동물의 본능으로 사는 것이다. 인간다운 삶을 살려면 절제해야 한다. 절제하는 인간이 궁극의 법을 얻는다.

117

바람과 비가 목련꽃을 피우더니 이내 바람과 비가
꽃을 지게 한다. 겨우내 때를 기다리던 봉오리가 며칠
동안 순결을 보이고 사라졌다.

118

없는 것을 경배하지 말고, 실재하는 것을 경배하라.
사람을 경배하지 말고, 선한 마음을 경배하라.

위빠사나 수행을 한 사람이 그 모양이냐고 말하면 불선구업을 짓는다. 위빠사나 수행을 해서 그 정도라고 이해하면 선업을 쌓는다. 위빠사나 수행은 일어나고 사라지는 무상을 아는 것으로부터 시작한다. 아무리 수행을 해도 무상을 모르면 위빠사나 수행을 하는 것이 아니다. 무상을 모르면 노력하는 과정이지 위빠사나의 도를 실천하는 것이 아니다. 아직 일어나고 사라지는 무상을 모르면 계속해서 더 부단히 노력해야 한다. 부처님께서 말씀하신 위빠사나의 도는 현상을 바르게 아는 지혜부터 시작한다. 초기의 무상, 고, 무아를 아는 단계로부터 마지막에도 같은 통찰지혜로 도과를 성취한다.

오늘의 아름다움은 오늘의 것이다. 오늘의 아름다움
이 내일에 꼭 있는 것은 아니다. 오늘의 추함은 오늘
의 것이다. 오늘의 추함이 내일에 꼭 있는 것은 아니
다. 모든 것들은 끊임없이 변한다. 진실은 지금 이
순간에 있다.

무지하면 잘못된 것을 고치려 하지 않는다. 선하면 잘못된 것을 고치려 한다. 지혜가 있으면 잘못된 것을 있는 그대로 알아차린다.

121

때가 오지 않았으면 자신이 때를 만들어야 한다. 현재를 알아차리는 것이 스스로 때를 만드는 것이다.

122

돈이 많고 지위가 높은 것은 단지 업의 과보로 나타난 현상이다. 내가 돈이 많은 것이 아니고, 내가 지위가 높은 것이 아니다. 머리가 좋고 얼굴이 예쁜 것도 단지 업의 과보로 나타난 현상이다. 나의 머리가 좋은 것이 아니고, 나의 얼굴이 예쁜 것이 아니다. 선업을 쌓아서 돈이 많고 지위가 높지만, 지금 이 순간에 불선업을 행하면 돈은 강물에 휩쓸리듯이 사라질 것이며, 한순간에 지위를 잃을 것이다. 선업을 쌓아서 머리가 좋고 얼굴이 예쁘지만, 지금 이 순간에 불선업을 행하면 나쁜 머리를 굴려 죽는 길로 가고, 예쁜 얼굴이 악마의 얼굴로 바뀐다.

123

자신의 이익을 위해서 한 일을 남을 위해서 한 것처럼 말하지 마라. 자신의 이익에 충실하면 더불어 남을 위하는 것이다. 남을 위해서 한 것처럼 말하면 자신이 한 일의 공덕이 줄어든다.

124

문제를 일으킨 방식에 잘못이 있으면 문제를 해결할 때도 같은 잘못을 저지른다. 불선심은 불선행을 하여 불선과보를 만들고 그 과보가 지배하기 때문에 악순환만 있다. 문제를 일으킨 마음으로 문제를 해결하는 한 결코 좋은 결과를 기대할 수가 없다. 수행을 한다고 해도 바라는 마음으로 하면 자신의 축적된 성향을 바꾸기가 어렵다. 누구나 내가 최고라는 유신견으로 일을 하면 탐욕과 성냄과 어리석음으로부터 자유로울 수 없다.

125

절제는 욕망을 제어하여 방종으로 흐르는 것을 막아
준다. 감각기관의 제어가 없으면 욕망에 빠져 슬픔과
비탄에 잠긴다.

126

같은 말을 해도 어떤 사람은 알아듣고 어떤 사람은
알아듣지 못한다. 유신견이 강한 사람은 알아듣지 못
하고 지혜가 있는 사람은 알아듣는다. 알아듣지 못하
는 것은 마음을 닫고 상대의 말을 들으려 하지 않기
때문이다. 알아듣는 것은 마음을 열고 상대의 말을
들으려 하기 때문이다. 말을 알아듣거나 알아듣지 못
하는 것은 이미 자신의 마음이 결정한 것이다.

127

알아차리는 것이 억제하고 바꾸고 버리는 것이다. 억제하지 말고 바꾸지 말고 버리지 말고 단지 알아차려야 한다. 대상을 있는 그대로 알아차려야 가장 이상적인 결과를 얻는다.

128

지금 당신이 괴로운 것은 자존심을 가지고 있기 때문이며 바라는 마음이 있기 때문이며 집착을 했기 때문이다. 지금 당신이 괴로운 것은 괴로울만한 일을 하고도 괴롭지 않기를 바라기 때문이며 원인과 결과를 무시하기 때문이다.

129

선한 일을 하면 선 과보를 받는다. 하지만 그것으로
그치지 않는다. 선한 일을 하는 순간에는 선하지 못한
일을 하지 않는다. 선한 일을 하면 자신의 이익만 있
는 것이 아니다. 그 순간에 남을 미워하지 않아 상대
에게도 기쁨을 준다.

130

선하지 못한 행위를 하면 불선과보로 그치지 않는다.
선하지 못한 일을 하는 순간에는 선한 일을 하지 못한
다. 선하지 못한 행위를 하면 두 배의 불이익이 있다.
선하지 못한 마음은 커지며 선한 마음은 줄어든다.
선하지 못한 행위를 하면 자신의 불이익만으로 그치
지 않는다. 남을 미워하면 자신도 괴롭고 남에게도
고통을 준다.

131

몸속에 내가 있는가? 내가 있어서 몸을 소유하는가?
나라는 실체가 있는 것이 아니고 오직 생멸하는 정신
과 물질만 있다. 내가 죽으면 사라지는 것이 아니고
단지 원인과 결과가 소멸하는 것이다.

132

고통을 겪지 않으려면 만나지 말아야 할 사람을 만나
서는 안 되며, 가지 말아야 할 곳을 가서는 안 된다.

133

누구나 자기 생각을 하기 때문에 진실과 오해가 함께 있다. 자신의 일은 진실이지만 남에 대해서는 오해하기 마련이다. 사람의 마음은 서로 달라서 피차 이해할 수 없는 간격이 있다. 풀 수 없는 오해를 풀려고 하기보다 ‘그렇네’ 하고 알아차리면 끝난다.

134

자신의 몸과 마음에 있는 불이 나를 살리고, 죽이기도 한다. 불로 몸이 성장하고 소화를 하고 병을 이겨낸다. 불로 인해서 몸과 마음이 병들고 늙어서 죽는다. 적절한 불은 열정으로 몸과 마음에 활력을 준다. 불이 지나치면 탐욕을 일으키고 화를 내고 욕망으로 먹는다. 누구나 불의 균형으로부터 자유로울 수 없어서 죽음으로 간다.

135

진실이란 자신과 한 약속을 지키는 것이다.

136

잘못된 것을 지켜보아야 무엇이 잘된 것인지를 안다.
탁한 물을 지켜보아야 옹달샘에 맑은 물이 고인다.

137

열정으로 일하지 말고 지혜로 일해야 한다. 열정은
번뇌를 일으키고 지혜는 균형을 맞춘다.

어떤 일이 있어도 상대에게 걸리지 마십시오. 상대의 축적된 성향까지 어떻게 할 수는 없는 것입니다. 그가 한 일은 그의 것이고, 나는 내 일을 하면 됩니다. 내가 당했다고 생각하지 마십시오. 내가 당한 것이 아닙니다. 당한 나도 없고, 준 상대도 없습니다. 단지 원인과 결과만 있습니다. 절대 보복하지 마십시오. 보복을 하면 내가 어리석은 것입니다. 보복은 새로운 원인을 일으키고, 그 원인으로 내가 다시 고통을 겪습니다. 보복한 뒤에 느끼는 쾌감은 악한 의도와 저급한 욕망입니다. 보복을 한 당신은 승리자가 아니고, 불선업을 행한 패배자 입니다. 앞으로 얼마나 더 주고받아야 합니까? 이제 그만 끝내고 자유를 얻으십시오.

먼저 자신의 몸과 마음을 알아차리는 것부터 시작하십시오. 언제나 자신을 알아차리고 나서 남을 알아차리는 것이 좋습니다. 자신의 문제를 해결할 사람은 남이 아니고 자신입니다. 남이 내게 어떤 영향을 주어도 자신부터 알아차려야 합니다. 그것이 좋은 것이건 좋지 않은 것이건 어떤 일이나 영향을 받는 것은 자신입니다. 자신의 마음은 그냥 두고 남부터 해결하려면 해결되지 않습니다. 자신을 알아차려서 선한 마음을 내는 것이 자신은 물론 남을 위하는 것입니다. 그러니 남을 알아차리려고 애쓸 것 없이 자신의 몸과 마음부터 지켜보십시오. 자신을 알아차려서 선한 마음이 되면 자연스럽게 남도 알아차려서 선하게 됩니다.

140

부처님의 바른 가르침에서는 나는 누구인가를 찾지 않는다. 실재하지 않는 나를 찾는다면 혼란에 빠지며 자아가 강화된다. 자아가 강화되면 유신견이 생겨 번뇌의 사슬을 끊을 수가 없다. 바른 가르침은 몸과 마음을 알아차려서 무상, 고, 무아를 아는 것이다. 자아를 가지고 대상을 알아차려서는 무아의 지혜를 얻을 수 없다. 수행자는 무엇인가를 찾으려 하거나 해결하려고 해서는 안 된다. 이것이 새로운 갈애를 일으키고 이런 갈애가 있으면 법을 볼 수가 없다. 진리는 없는 것을 찾지 않고 있는 것을 단순하게 지켜보아야 얻는다. 대상을 있는 그대로 알아차려야 진실한 답을 얻을 수 있다. 내가 누구인가? 그런 나는 어디에도 없다.

141

무지하면 잘못된 것을 고치려 하지 않는다. 선하면
잘못된 것을 고치려 한다. 지혜가 있으면 잘못된 것을
있는 그대로 알아차린다.

142

눈으로 보고 괴로움이 생겼으면 눈을 기반으로 괴로
움이 생긴 것이다. 이때 눈이 대상과 접촉한 마음을
알아차리면 괴로움이 순간적으로 소멸한다. 괴로움
의 순간소멸이 이루어지면 다른 대상을 볼 때도 괴로
움이 일시소멸 한다. 귀로 듣고 괴로움이 생겼으면
귀를 기반으로 괴로움이 생긴 것이다. 이때 귀가 대상
과 접촉한 마음을 알아차리면 괴로움이 순간적으로
소멸한다. 괴로움을 해결하려면 일어난 곳에서 일어
난 마음을 알아차려야 한다. 일어난 곳이 아닌 다른
곳에서 다른 방법으로 괴로움을 해결하려고 해서는
안 된다. 괴로움은 일어난 순간에 사라졌지만 일어난
그곳에서 새로 일어난다.

일어나고 꺼지는 호흡을 알아차려서 아라한이 되었다면 호흡을 통하여 무상, 고, 무아의 지혜가 난 것이다. 그렇다면 과연 무엇이 아라한이 되도록 하였는가? 호흡이 아라한이 되도록 하였는가, 지혜가 아라한이 되도록 하였는가? 호흡이라는 원인이 지혜라는 결과를 낳아 아라한이 된 것이다. 아라한이 될 조건이 성숙되어서 아라한이 된 것이다. 누구나 똑같은 호흡을 알아차려도 아라한이 되지 못하는 것은 아직 조건을 성숙시키지 못했기 때문이다. 항상 어떤 원인을 만들었느냐에 따라 그에 합당한 결과가 있다. 대상을 단순하게 알아차리고, 지속적으로 알아차린 원인이 있으면 누구나 궁극의 진리를 얻는 결과가 있다.

144

개인의 이기주의는 자신에 그치지 않고 가족의 이기주의를 형성한다. 가족의 이기주의는 가족에 그치지 않고 집단의 이기주의를 형성한다. 집단의 이기주의는 더 나아가서는 사회와 인류의 이기주의로 비약한다. 한 인간의 선하지 못한 마음들이 모여서 선하지 못한 사회를 만든다. 한 인간의 선한 마음들이 모여서 선한 사회를 만든다. 모든 것들은 개인으로부터 시작하여 사회나 인류의 문제로 비약한다. 그러므로 언제나 자신의 마음을 알아차려서 스스로를 정화해야 한다. 선한 마음과 선하지 못한 마음이 조화를 이루면 개인과 사회가 모두 발전한다. 두 가지 마음이 조화를 이루지 못하면 개인이나 사회가 고통 속에서 살아야 한다.

145

선한 행위를 하면 선한 과보를 받는다. 하지만 선한 행위를 했어도 불선의 과보를 받을 수 있다. 선한 행위를 했다고 해서 반드시 선한 과보를 받지 않는다. 선한 행위를 하고 후회를 하면 후회를 한 불선과보가 따른다. 그러므로 좋은 일을 할 때 아무것도 기대해서는 안 된다. 내가 좋은 일을 했다고 생각하면 바라는 마음 때문에 결과가 좋지 않다. 좋은 일에 대한 과보는 없어지지 않지만 새로운 마음에 따라 새로운 과보가 온다. 좋은 일을 하고 불선과보를 받는 것은 자신의 어리석음으로 인한 것이다.

146

무엇이 윤회하는가? 내가 윤회하는 것이 아니고 원인과 결과가 윤회한다. 과거의 원인이 현재의 결과를 만들고 현재의 원인이 미래의 결과를 만든다.

147

바른 것을 너무 강조하면 바른 것에 탐욕이 붙어 바르지 못한 것이 된다. 바르다는 것은 그냥 바른 것일 때라야 비소로 바른 것이다.

148

사회적 논쟁의 주제는 수행자의 주 대상이 아니다. 세상의 일은 그것을 좋아하는 사람들의 관심으로 진행된다. 괴롭지 않기를 바라는 수행자는 오직 자신의 내면을 통찰한다.

149

진리는 사실이다. 사실은 실재하는 것이다. 실재하는 것은 있는 그대로의 상태다. 있는 것을 있는 그대로 보아야 가장 진실한 것을 본 것이다. 무명이 가리면 관념을 보고 지혜가 열리면 실재를 본다. 실재를 보고 집착이 끊어져야 번뇌가 소멸한 열반에 든다. 진리는 만들어진 것이 아니고, 원래 있는 것을 찾아낸 것이다.

150

내가 있다고 생각하거나 나의 것이라고 생각해서 발전을 하는 것 같지만 오히려 정신적으로 퇴보한다. 내가 있는 것이 아니고, 나의 것이 아니라고 알아야 갈애와 집착이 끊어져 고요함과 행복을 얻는다.

욕망을 가지고 살 때는 욕망 없이는 살 수 없다. 욕망을 떠난 지혜가 나면 욕망이 고통인 것을 안다. 욕망에서 벗어나는 것보다 더 큰 행복은 없다.

사람들의 생김, 환경, 능력이 모두 다른 것은 우연히 생긴 것이 아니다. 모두 자신이 한 행위에 대한 결과로 생긴 것이다. 그러므로 모든 사람들은 불평등하게 태어나서 불평등한 삶을 산다. 지은 대로 받는 업의 결과에 대해서 누구도 개입할 수 없다. 여기에 초월적 존재의 힘이나 부처님의 가피가 작용하지 않는다. 이 것을 아는 지혜를 갖는 것이 바로 부처님의 가피다. 하지만 불평등하게 태어나서 불평등하게 사는 사람을 대할 때는 평등하게 해야 한다. 불평등한 것은 불가피한 업의 결과다. 그러나 모든 사람을 평등하게 대하면 새로운 선업의 원인을 만든다. 그러면 더 좋은 과보를 받아 행복하게 산다.

151

오지 않는다고 섭섭하게 여기지 마십시오. 모두 기회
만 있으면 떠날 준비를 하고 삽니다. 만날 때 헤어질
준비를 하면 누구에게도 걸리지 않습니다.

153

강요하지 말고 선택하도록 해야 한다. 반드시 이것을
해야 한다고 말하지 마라. 이것을 할 수도 있고 저것
을 할 수도 있으니 자신이 알아서 하도록 해야 한다.
바른 일이라도 강요해서 할 때와 선택해서 할 때의
결과가 다르다.

154

무엇이 진정한 이익인지 알아야 한다. 알아차리지 못하면 이익이 없고, 알아차리면 이익이 있다. 할일을 내일로 미루는 것보다 오늘 하는 것이 더 이익이다. 물질적인 것보다 정신적인 이익이 더 가치가 있다. 움켜쥐려고 해서 얻는 이익보다 베풀어서 얻는 이익이 더 크다. 이익을 생각하고 일하는 것보나, 할일이라서 하는 것이 이익이다.

155

마음은 한때의 호기심이다. 마음은 좋아도 그냥 날아가는 새다. 마음은 쉬지 않고 그냥 스쳐가는 바람이다. 누가 날아가는 새를 붙잡을 수 있는가. 누가 흘러가는 바람을 붙잡을 수 있는가. 마음은 정처 없는 한 조각의 구름이다.

156

모든 것을 이치에 맞게 알아차리면 사는 것이 불만족이라는 것을 안다. 이때 불만족을 없애려고 해서는 안 된다. 살아온 것이 모두 바라는 것으로 가득 차 있기 때문에 결코 불만족을 없앨 수가 없다. 이처럼 단지 불만족이라는 것을 알고 말면 다음에 불만족의 원인이 바라는 것 때문이라는 것을 안다. 이때 불만족의 원인인 바라는 것을 없애려고 해서는 안 된다. 단지 불만족의 원인이 바라는 것 때문이라는 것을 알고 말아야 한다. 이것이 불만족을 없앨 수 있는 유일한 길인 팔정도를 수행하는 것이다. 이러한 팔정도의 길을 가야만 모든 번뇌를 소멸할 수 있다.

157

지혜가 없는 사람이 선하다고 할 때는 선한 것이 아니다. 무지하면 선하고 싶어도 선을 유지하기가 어렵고 몰라서 실천하기도 어렵다.

158

좋은 일도 게으르면 할 수 없다. 좋은 일을 하려면
노력해야 한다.

159

욕망을 가지고 살 때는 욕망 없이는 살 수 없다. 욕망
을 떠난 지혜가 나면 욕망이 고통인 것을 안다. 욕망
에서 벗어나는 것보다 더 큰 행복은 없다.

160

산은 매일 옷을 갈아입는다. 아침에는 해가 옷을 입히고, 저녁에는 달과 별이 옷을 입힌다. 바람과 비가 옷 색깔을 바꾼다. 새들은 숲 속에서 아름다움을 노래한다.

161

남을 비난하는 것은 허공에다 침을 뱉는 것과 같다. 허공에 침을 뱉으면 자신의 얼굴에 떨어지듯이 남을 비난하면 그 과보가 자신에게 돌아온다.

하는 일을 제대로 하지 않고 다음에도 일을 달라고
한다. 상대의 마음을 사지 못하면 다음을 기약하기
어렵다.

괴로울 때 괴로워 죽겠다는 사람이 있고 괴로움을
알아차려서 지혜를 얻는 사람이 있다. 즐거울 때 좋아
죽겠다는 사람이 있고 즐거움을 알아차려서 욕망에
빠지지 않는 사람이 있다.

무슨 일을 할 때 먼저 자신에게 이익이 있는가를 알아차려야 한다. 그리고 남에게도 이익이 있는가를 알아차려야 한다. 그런 뒤에 나와 남에게 모두 이익이 되는가를 알아차려야 한다. 세 가지 이익을 살핀 뒤에 알맞게 처신을 하면 가장 훌륭한 행위를 하는 것이다. 남에게 이익이 있는가를 알아차릴 때는 동물들의 이익에 대하여서도 배려해야 한다. 자신의 이익만을 우선하면 남을 해치게 되어 바른 이익을 얻지 못한다. 남을 해치면서 얻는 이익은 이익이 아니고 손실로 가는 길이다. 어떻게 하는 것이 진정한 이익인지를 알면 마치 어머니가 어린아이를 보호하듯이 사랑하는 마음으로 따뜻하게 해야 한다.

165

남에게 의지하지 말고 자기에게 의지하라. 남도 자기
의 문제를 해결하지 못하고 있는데 하물며 내 문제까
지 해결할 힘을 가지고 있지 않다. 자기의 문제는 오
직 자기밖에 해결할 사람이 없다. 기도한다고 해서
기도를 들어줄 사람은 없다. 오직 자기가 노력해서
성취해야 한다.

166

얼굴이 예쁘기를 바란다면 선한 마음을 가져라. 겉으
로 드러난 얼굴보다 내면의 얼굴이 아름다워야 한다.
몸의 얼굴은 세간의 모습이고 마음의 얼굴은 출세간
의 모습니다.

평등심은 알아차려서 균형을 이룬 마음이다. 대상을 집착하거나 혐오하면 평등심을 얻을 수 없다. 어떤 대상을 마주하거나 좋아하거나 싫어하는 마음 없이 그냥 지켜보아야 평등심을 얻는다. 평등심을 가지면 행복할 때 감각적 쾌락에 빠지지 않고 불행할 때 비탄에 빠지지 않는다. 움직이지 않는 산처럼 흔들림이 없는 평등의 상태에서만이 가장 고귀한 행복을 누릴 수 있다.

컴퓨터를 켜면 좋은 정보가 있고, 침투해온 잘못된 정보도 있다. 컴퓨터의 기능이 개발되면 그에 따른 역기능도 함께 개발되는 것이 세상의 일이다. 컴퓨터라는 문명의 혜택이 있으면 그에 반하는 고통도 함께 겪는다. 그러면서 이것이 어쩔 수 없는 세상의 일이라고 자조한다. 내가 매일 회원들에게 보내는 전체메일도 필요 없는 사람에게는 고통일 것이다. 그래서 '지금 누구를 탓하겠는가' 하고 알아차린다. 잘못된 정보를 낙엽 쓸듯이 쓸어내면서, 내가 매일 보내는 메일도 이처럼 낙엽의 신세가 되는 것이 어쩔 수 없는 일이라고 알아차린다. 무엇이나 알아차리면 선한 마음이 된다. 선한 마음일 때는 불선한 마음이 없어 두 가지의 이익이 있다.

위빠사나 수행을 할 때 알아차릴 대상은 현재 몸과 마음으로 경험하는 모든 것이다. 이것을 실재하는 현상이라고 한다. 경험할 수 없는 것은 대상이 아니다. 몸이 움직이면 움직이는 몸이 알아차릴 대상이다. 호흡하고, 가고, 서고, 앉고, 눕고, 구부리고, 펴고, 흔드는 것이 모두 알아차릴 대상이다. 그런 뒤에 가려는 의도와 가는 움직임, 서려는 의도와 서는 움직임을 알아차린다. 현재 마음이 즐거우면 즐거운 것을 알아차리고, 괴로우면 괴로운 것을 알아차린다. 미워하면 미워하는 것을 알아차리고, 슬플 때는 슬퍼하는 것을 알아차린다. 모든 것을 있는 그대로 알아차려야 한다. 현재 있는 대상 외에 특별한 것을 찾아서는 안 된다.

170

얻어서 행복한 것 같지만 얻는 순간부터 괴롭다. 내가 행복한 것은 집착하지 않기 때문이며 불행한 것은 집착하기 때문이다.

171

자기가 한 대로 받는 것과 한 대로 받으려 하는 것은 다르다. 한 대로 받는 것은 진실이고 한 대로 받으려 하는 것은 탐욕이다. 한 대로 받는 것은 출세간의 정신이고 한 대로 받으려 하는 것은 세간의 정신이다. 세간의 정신에는 괴로움이 있지만 출세간의 정신에는 행복이 있다.

172

모르는 사람은 몰라서 이해하지 못한다. 아는 사람이
이해해야 한다. 무명이 지혜로 바뀌면 서로가 이익이
다. 모르는 사람을 보고 왜 모르냐고 하면 되돌아오는
것은 분노의 화살이다. 조금이라도 아는 사람이 연민
의 마음으로 받아들여라. 모르는 사람 때문에 무거운
짐을 지지 마라.

73

진리가 있어도 실천하지 않으면 나의 것이 아니다.
수행을 해서 지혜가 나야 비로소 나의 것이다. 그림으
로 음식을 보는 것과 직접 음식을 먹는 것은 다르다.

174

우리는 언젠가 떠나야 한다. 사랑하는 사람을 두고 소유한 재산을 두고 이 세상을 떠나야 한다. 즐거운 일도 괴로운 일도 그대로 두고 홀연히 떠나야 한다. 우리가 가진 것은 모두 두고 가야 한다. 그러니 두고 떠나는 것들을 집착하지 마라. 사랑하는 사람과 재산을, 즐거운 일과 괴로운 일을 집착할 것 없다. 버리고 떠나야 할 것들을 잡으려 한다고 해서 잡히지 않는다. 이제 자기가 움켜쥔 것과 헤어지는 연습을 해야 한다. 그렇지 않고서는 편안하게 떠날 수 없다. 괴롭게 떠나면 그 괴로움이 다음 생으로 고스란히 옮겨간다. 무엇이 자기를 괴롭히는가를 알았으면 중요한 결단을 내리면서 살아야 한다.

175

내가 모른다고 해서 그것이 없는 것이 아니다. 내가
모른다고 해서 그것이 틀린 것이 아니다. 내가 몰라도
진리는 존재하며 바른 것은 있다. 모르는 것이 무명이
며 아는 것이 진리다.

177

괴롭기 때문에 화를 내고 화는 탐욕 때문에 일어나며
탐욕은 어리석기 때문에 있다. 어리석음은 내가 있다
거나 나의 것이라는 자아 때문에 일어난다. 모든 번뇌
뒤에는 유신견이 있다.

지금 내가 처한 상황은 내가 행한 대로 받은 것이다. 내가 선한 일을 했으면 행복할 것이고 선하지 못한 일을 했으면 불행할 것이다. 지금까지 자신이 한 일은 제쳐두고 어떤 특별한 존재로부터 구원을 받으려는 것은 불확실한 바람이며 어리석은 일이다. 지금까지 자신이 한 일에 대한 결과는 받고 자신이 새로 노력한 결과를 받는 것이 가장 확실한 방법이며 안전한 일이다. 새로운 노력이란 특별한 것이 아니고 몸과 마음에서 일어나는 모든 현상을 있는 그대로 알아차리는 것이다. 도덕적 규범에 어긋나게 살아도 책임질 사람이 없다면 공평하지 못하다. 스스로가 이치에 맞는 견해를 갖는 것이 선한 일을 시작하는 것이다.

＊ 178

알아차림은 선한 행위다. 알아차릴 때는 악한 의도가
생기기 않는다. 마음은 한순간에 하나밖에 없어서 선
한 마음이 있을 때는 불선한 마음이 들어올 수 없다.
불선한 마음이 있을 때는 선한 마음이 들어올 수 없
다. 선한 마음과 불선한 마음은 서로가 섞이지 않는
다. 불선한 마음을 없애려고 하지 마라. 없애려고 하
면 더 커진다. 단지 대상을 알아차리는 선한 마음을
일으키면 불선한 마음이 발을 붙이지 못한다.

＊ 179

모든 것들은 일어날 만해서 일어나고 사라질 만해서
사라진다. 모두 그럴 만한 원인이 있어서 그럴 만한
결과가 있다. 원인이 없는 결과는 없으며, 원인이 없
으면 결과가 없다.

모든 것이 업으로만 결정되지는 않는다. 업의 과보에 의해 나타난 결과는 여러 가지 조건 중의 하나일 뿐이다. 모든 것을 업이 만든다고 하면 업이나 신이나 하등에 다를 것이 없다. 이렇게 되면 업이 신이라는 이름으로 바뀐 것밖에 되지 않는다. 현상계는 하나의 질서만 있지 않고 다양한 질서가 있다. 모든 것들이 무상하고 괴로움이고 자아가 없다는 것을 제외하고는 여러 가지 형태의 법칙이 있다. 결과를 만드는 원인은 자신의 행위 하나만 있지 않고, 계절의 영향으로 인해 나타나는 결과도 있고 유전적 요인에 의해 나타나는 결과도 있다. 규범의 질서로 나타나는 법의 힘이나 인간의 특별한 능력으로 나타나는 결과도 있다.

대상을 알아차릴 때 알아차리는 그 마음을 알아차려라. 생각을 했을 때 생각한 그 마음을 알아차려라. 말을 했을 때 말한 그 마음을 알아차려라. 일하는 마음을 다시 알아차리는 것이 마음을 알아차리는 수행이다.

나의 행복이나 명성도 한순간에 일어나서 한순간에 공기 속으로 사라져버리는 허망한 것들이다. 나의 괴로움이나 나에 대한 비난도 한순간에 일어나서 한순간에 사라져버리는 허망한 것들이다. 그래서 행복도 불행도 모두 괴로움이다. 일어났다가 사라져버리는 허망한 것을 붙들고 즐거워하거나 괴로워하는 것은 더 허망한 것이다. 진실은 오직 이 순간을 알아차리는 마음에 있다. 하지만 알아차리는 마음도 한순간에 일어났다가 사라진다. 일어난 모든 것들은 파괴되기 때문에 아무것도 온전한 것이 없다. 이처럼 모든 것이 일어나서 사라지는 속에서 단 하나의 진실이 있다면 언제나 대상을 알아차리고, 알아차림을 지속하는 것이다.

🙏 182

대상을 알아차릴 때 알아차리는 그 마음을 알아차려라. 생각을 했을 때 생각한 그 마음을 알아차려라. 말을 했을 때 말한 그 마음을 알아차려라. 일하는 마음을 다시 알아차리는 것이 마음을 알아차리는 수행이다.

🙏 183

선한 일인지 몰라서 못하는 사람은 희망이 없다. 선한 일인지 알고도 못하는 사람은 희망이 있다. 선한 일을 실천하지 못하더라도 무엇이 선한 일인지 알아야 한다. 경전을 읽거나 법문을 들은 뒤에 수행을 하는 것이 순서다.

184

남이 좋아서 하는 일이라고 무조건 따라 해서는 안 된다. 내가 좋다고 생각되더라도 무조건 해서는 안 된다. 그것이 선한 일인지, 감각적 욕망을 충족시키는 일인지 알아차리고 해야 한다. 선한 일이면 자기 손해가 나더라도 해야 하고, 감각적 욕망으로 하는 일이면 이익이 있더라도 해서는 안 된다. 이 손해는 손해가 아니고, 이 이익은 이익이 아니다.

185

선한 것도 노력을 해서 얻고 선하지 못한 것도 노력을 해서 얻고 게으른 것도 노력을 해서 얻는다.

186

남이 가진 것만 보는 사람은 자신의 삶을 사는 사람이
아니다. 남의 삶을 살아주는 것이다. 자신이 가진 것
을 살펴봐야 비로소 자신의 삶을 사는 것이다. 진실은
자기 삶 안에 있다.

187

내가 아는 것은 모두 느낌이다. 느낌은 변하기 때문에
무상하다. 느낌은 감각적 욕망을 일으켜 괴로움이다.
느낌은 제어하기 어려워 무아다.

물질을 추구하는 세계는 어리석음이 지배하여 세상의 끝이 없다. 정신을 추구하는 세계는 지혜가 지배하여 세상의 끝이 있다. 끝이 없는 것이 윤회고 끝이 있는 것이 열반이다. 몰라서 괴로움을 겪지만 알면 괴로움이 끝난다. 물질을 추구하는 것은 세간이 속성이며 정신을 추구하는 것은 출세간의 속성이다. 누구나 이 두 가지 중의 하나를 선택할 수 있다. 자신이 선택하고 자신이 결과를 받는다. 물질세계에서는 정신세계를 이해하지 못한다. 감각적 욕망을 추구하는 세계는 감각적 욕망이 없는 세계를 모른다. 그래서 위대하신 스승의 가르침이 필요하다. 출세간의 세계를 가려면 법을 섬으로 삼고 법을 의지처로 삼아야 한다.

189

질문할 때의 자세는 다양하다. 질문에도 선업과 불선업이 있다. 일반적으로 질문을 할 때는 자기 성향대로 한다. 몰라서 하는 질문, 질문을 위한 질문, 불필요한 질문, 괴롭히기 위해서 하는 질문, 알려주기 위해서 하는 질문이 있다. 질문을 할 때는 모르는 것을 알기 위해서 해야 한다. 그렇지 않고 자신의 주장을 펴려고 해서는 안 된다. 질문이 토론이 되어서도 안 된다. 상대를 괴롭히기 위해서 하는 질문은 악한 의도를 가진 것이다. 유신견을 가지고 오만하게 하면 바른 질문이 아니다. 질문도 상대를 존중하는 예의를 갖추고 해야 선행이 된다. 바른 자세로 질문을 해야 적절하고 유익한 대답을 들을 수 있다.

190

고통을 받아들이는 자만이 행복을 지속할 수 있다.

191

자애는 모든 사람들이 행복하기를 바라는 부드러움
이다. 모든 사람이 행복하기를 바라기 때문에 자신이
행복하다. 성냄은 모든 사람들을 불태우는 긴장이다.
모든 사람을 불태우기 때문에 자신이 불탄다.

192

욕망으로 보지 말고 그냥 보아라. 욕망으로 듣지 말
고 그냥 들어라. 욕망으로 냄새 맡지 말고 그냥 맡아
라. 욕망으로 먹지 말고 그냥 먹어라. 욕망으로 접촉
하지 말고 그냥 접촉해라. 선입관 없는 단순함이 바
른 길이다.

193

모르면 괴롭고, 알면 괴롭지 않다. 즐겁기를 바라지 마라. 괴롭지 않은 것이 즐거움이다. 알아차리면 괴롭지 않고, 알아차리지 못하면 괴롭다.

194

세간에서는 정신과 물질을 존재로 보고 실체가 있다고 한다. 여기에는 내가 있다고 하는 자아, 진아, 참나, 주인공이 있다. 출세간에서는 정신과 물질을 인식으로 보고 무실체라고 한다. 이때는 존재가 아니고 인식만 있다. 여기에는 자아가 없고 무아가 있다. 무아는 내가 없다는 것이 아니고 실체가 없어 자아가 아니라는 것이다. 세간에서 보면 괴로움은 있다. 그것은 존재하기 때문이다. 출세간에서 보면 괴로움은 없다. 괴로움은 있지만 실체가 없기 때문이다. 괴로움은 단지 조건에 의해 일어나서 조건에 의해 사라지는 정신적 현상이다. 정신과 물질을 존재로 보는 관념이나 인식으로 보는 실재의 차이가 지혜를 결정한다.

당신의 마음이 얼마 동안이나 한 가지 대상에 머물 수 있는가? 모든 것이 한 때의 호기심이 아니었는가? 과연 자기 마음이 마음먹은 대로 될 수 있었는가? 만약 당신이 수행을 하겠다고 마음먹은 적이 있다면, 그 마음이 얼마나 지속할 수 있었는가? 마음은 자신의 의지와 상관없이 매순간 변한다. 마음은 순산순간의 조건에 의해서 변하고 과거에 만들어진 과보에 의해 끊임없이 일어나고 사라진다. 이처럼 마음이 변하기 때문에 무상이다. 마음이 변하기 때문에 괴로움과 두려움과 슬픔이 있다. 마음은 있지만 내가 소유하는 마음은 없다. 마음은 있지만 내 마음대로 할 수 있는 그런 마음은 없다. 이것이 무실체이고 무아다.

자기가 하는 행위를 업이라고 한다. 업의 특성은 지은 자가 지은 대로 받는 것이다. 그러나 모든 행위가 전부 업이 되지는 않는다. 반드시 하고자 하는 의도를 가진 행위를 업이라고 한다. 그러므로 의도가 없이 뜻하지 않게 한 행위는 업이 아니다. 업이 아니기 때문에 의도가 없이 한 행위는 결과를 받지 않는다. 하지만 마음은 보이지 않고, 짧은 순간에 빠르게 일어나서 사라지기 때문에 의도가 있는지 없는지 알기가 어렵다. 그러므로 항상 알아차려서 선한 의도를 만들어 선하지 못한 의도가 생기기 않도록 해야 한다. 먼저 생각하는 단계에서 알아차려야 하며, 말하는 단계, 행동하는 단계에서도 계속 알아차려야 한다.

마음이 모든 것을 이끈다. 마음이 의도를 일으켜 행위를 하고. 행위는 업이 되어 한대로 돌아온다. 업에 의해 태어나는 세계가 다르며, 단명하거나 장수를 한다. 업에 의해 지혜가 있거나 무지하며, 하는 일이 잘 되거나 잘 되지 않는다. 업에 의해 건강하거나 병이 많으며, 예쁘거나 밉게 태어난다. 업에 의해 지위를 얻으며, 가난하거나 부자가 된다. 업에 의해 이익과 손실, 명예와 불명예, 칭찬과 비난, 행복과 고통이 있다. 그러나 모든 것이 업으로 결정되지는 않는다. 마음이 의도를 갖고 행위를 하지 않고, 작용만 하는 마음을 가지면 업이 되지 않는다. 단지 할일이라서 하고, 욕망으로 하지 않으면 업의 과보에서 벗어난다.

198

작은 것에도 만족할 줄 아는 사람은 행복한 사람이다.
아무리 많아도 만족하지 못하는 사람은 불행한 사람
이다. 행복과 불행은 자신이 선택한다.

199

내가 윤회하는 것이 아니고, 원인과 결과가 흐른다.
매순간 윤회를 한다. 파도가 일어나서 사라지듯이. 일
생을 통해 윤회한다. 스쳐 지나가는 바람처럼. 지혜가
없는 사람은 갈 곳을 모르지만, 지혜가 있는 사람은
피안을 향해서 간다.

200

선입관을 갖고 보면 맞는 것을 틀리게 보고, 틀린 것을 맞게 본다. 선입관은 잘못된 정보이며 무지하기 때문에 생긴다. 있는 그대로 보면 맞는 것을 맞게 보며, 틀린 것을 틀렸다고 본다. 알아차리면 사실대로 보기 때문에 지혜가 난다.

201

모른다고 피하지 말고 이해하려고 노력해야 한다. 게을러서 피한다. 피하면 진실을 왜곡한다.

202

흔적을 남겨야 잘사는 것이 아니다. 자기가 하고 있는 일을 열심히 하는 것이 잘 사는 것이다. 하늘을 나는 새가 흔적을 남기지 않고 날듯이 그냥 자기 할일을 해야 한다.

203

세간의 즐거움은 감각적 욕망을 추구하여 얻을수록 괴롭다. 출세간의 즐거움은 감각적 욕망을 추구하지 않아 얻을수록 행복하다. 감각적 욕망은 더 좋은 느낌을 원하여 욕망의 늪에 빠지게 한다. 느낌을 알아차리면 단지 느낌만 있기 때문에 욕망의 늪에 빠지지 않는다. 욕망의 늪이 윤회이고, 빠지지 않는 것이 해탈이다.

204

세상에는 오직 진실만 있다. 실재하는 것은 모두 진실이다. 거짓도 실재하는 것이고, 사실도 실재하는 것이다. 있는 것을 사실로 보려면 통찰지혜가 있어야 한다. 거기에 세상이 있지만 보는 자만 이 세상을 안다.

205

탐욕은 나를 괴롭히고, 관용은 즐겁게 한다. 성냄은 나를 파괴하고, 자애는 숭고하게 한다. 무지는 나를 죽이고, 지혜는 살린다.

206

물질을 얻는 기쁨은 일시적인 것이다. 그래서 허망하다. 이 기쁨에서 벗어나야 완전한 것이다. 그래서 자유다.

207

훗날을 기약하지마라. 조용히 눈을 감고 지금 이 순간의 마음과 호흡을 알아차려야 한다. 몸은 늙어가고 마음은 희미해지는데, 언제 죽음을 준비하려는가. 살아갈 날도 많지만 죽을 날도 가깝다. 훗날이 되면 다시 훗날로 미룬다. 이 순간을 알아차리는 것보다 더 좋은 준비는 없다.

좋아하는 사람이 있으면 미워하는 사람이 생긴다. 좋아하고 미워하는 것은 상대와 상관없이 내가 만든 감정이다. 좋아하는 것이나 미워하는 것이나 똑같은 괴로움이다.

생각으로는 괴로움을 해결할 수가 없다. 철학적 사유는 번뇌의 그물에 걸린다. 생각하는 마음을 알아차려야 번뇌의 그물에 걸리지 않는다. 몸과 마음을 알아차리는 수행만이 괴로움을 해결한다.

나를 믿고 배우자로 선택한 상대에게 신의를 저버리지 말아야 한다. 자기를 선택해준 믿음에 보답해야 한다. 사랑은 그냥 되는 것이 아니고 노력을 해서 키워나가는 것이다. 사랑도 싫증이 나면 한순간에 버릴 수 있는 것이다. 그러니 자기가 해야 할 의무를 다해야 한다. 자신의 의무를 지키는 사람만 권리를 주장할 수 있다. 자신의 의무는 다하고, 권리는 반쪽만 요구해야 한다. 권리가 전부이고 의무가 반쪽이면, 사랑하는 사람이 취할 태도가 아니다. 자신의 축적된 성향 때문에 해야 할 의무를 소홀히 해서는 안 된다. 자신의 의무를 다하기 위해서는 감각적 욕망을 알아차려야 한다. 많이 주고 적게 받는 것이 사랑이다.

내가 있다는 견해를 가진 사람은 윤회의 세계를 벗어날 수 없어 가장 불행한
사람이다. 잘못했어도 알아차리면 어리석음이 소멸되지만, 유신견이 있으
면 소멸되지 않는다.

211

어디서 무엇이 되어 만나기를 약속하지마라. 무엇이
되어 만나려는 것이 욕망이다. 다시 만나도 특별하지
않고, 지금과 다를 것이 없다. 지금 만난 것으로 만족
하지 못하면, 다음에도 만족하지 못한다.

212

바른 것도 집착해서는 안 되는데, 하물며 잘못된 것을
집착하는가. 어리석으면 잘못된 것을 즐기고, 바른 것
을 멀리한다.

213

내가 있다는 견해를 가진 사람은 윤회의 세계를 벗어
날 수 없어 가장 불행한 사람이다. 잘못했어도 알아차
리면 어리석음이 소멸되지만, 유신견이 있으면 소멸
되지 않는다.

214

하루는 알 수 있는 마음으로 시작해서 알 수 있는
마음으로 끝난다. 한 일생은 알 수 없는 마음으로 시
작해서 알 수 없는 마음으로 끝난다. 알 수 있는 마음
은 선한 의도를 내서 선한 과보를 받을 수 있다. 알
수 없는 마음은 선한 의도를 낼 수가 없고, 평소의
마음이 그대로 나타나 그 과보를 받는다. 그러므로
알 수 있는 마음을 알아차려서 알 수 없는 마음을
대비해야 한다.

215

훌륭하기를 바라는 사람은 유명해지기 위해서 노력
하지 않는다. 유명하기를 바라는 사람은 훌륭해지기
위해서 노력하지 않는다.

216

자신의 고통에 대하여 자애를 가질 수 있을 때, 다른
사람의 고통에 대하여 연민을 가질 수 있다.

217

깨달음이란 괴로움이 있는 것을 알고, 그 원인이 집착
이라는 것을 알아, 팔정도 위빠사나 수행을 해서 모든
번뇌로부터 벗어나는 것이다.

218

바라는 것이 있고, 만족하지 못해서 불안하다. 불안해
서 걱정을 하며, 걱정을 해서 더 불안해진다. 불안은
도덕적이지 못한 생각 속에서 나온다. 바라는 것이
없고 만족하면 불안하지 않다.

거울에 비친 모습은 진실이 아니다. 거울에 비치게
한 자신의 모습이 진실이다. 거울에 있는 모습은 실재
가 투영된 그림자다. 거울에 비친 모습은 관념이고,
느낌이 있는 모습이 실재다. 어리석으면 실재는 보지
않고, 거울에 비친 모습만 쫓아서 산다.

사람이 생각하는 것이 아니고 마음이 생각한다. 사람이 말하는 것이 아니고 마음이 말한다. 사람이 행동하는 것이 아니고 마음이 행동한다. 마음이 선하면 선한 생각을 하고, 마음이 선하면 선한 말을 하며, 마음이 선하면 선한 행동을 한다. 마음이 선하지 못하면 선하지 못한 생각을 하고, 마음이 선하지 못하면 선하지 못한 말을 하며, 마음이 선하지 못하면 선하지 못한 행동을 한다. 나나 남이나 겉으로 드러난 모양을 보지 말고, 겉으로 드러나지 않는 마음을 보아야 한다. 선한 마음이 일어날 때는 선한 마음이 일어난 것을 알아차려야 한다. 선하지 못한 마음이 일어날 때는 선하지 못한 마음이 일어난 것을 알아차려야 한다.

221

어디서 무엇을 하면서 살거나 그가 하는 일이 그 사람
의 신분을 결정하지 않는다. 마음가짐이 그 사람의
신분을 결정한다. 천한 일을 하면서도 고귀한 마음을
가진 사람이 있고, 고귀한 일을 하면서도 천한 마음을
가진 사람이 있다.

222

내가 안다고 해서 모든 것을 아는 것이 아니다. 경험
했다고 해서 모두 아는 것이 아니다. 안다는 것은 모
든 것이 변한다는 것과, 불만족이 있다는 것과, 내
마음대로 할 수 있는 자아가 없다는 것을 아는 것이
다. 이렇게 알아야 비로소 안다고 말할 수 있다. 이렇
게 알아서 집착이 끊어져야 할일을 다 했다고 말할
수 있다.

223

선한 일에 대한 결심은 바위처럼 흔들리지 말아야
한다. 선하지 못한 일에 대한 결심은 바람처럼 날려버
려야 한다.

224

알아차린다고 해서 괴로움이 해결되는 것이 아니다.
집착을 하고 있는 동안에는 괴로움에서 벗어날 수
없다. 이미 만들어 놓은 집착의 힘이 소멸되지 않았기
때문에 알아차려도 괴로움은 남아있다. 그러므로 알
아차림과 함께 지혜가 따라야 한다.

바라는 것이 없으면 무슨 재미로 살까 걱정하지 마십시오. 바라지 않을 때 가장 진실한 재미가 있습니다. 바라면 탐욕, 성냄, 어리석음을 재미로 알고 삽니다. 바라지 않으면 지혜를 재미로 알고 삽니다. 이것이 재미를 뛰어넘은 자유입니다. 바라면 감각적 욕망의 노예로 삽니다. 바라는 것이 없을 때라야 비로소 지유 인으로 삽니다. 바라면 한정된 것을 얻지만 바라지 않을 때 모든 것을 다 얻습니다. 바라고 살아서 얻은 것이 무엇입니까? 과연 그것이 나의 것입니까? 바라서 얻은 것은 모두 소유할 수 없는 것들입니다. 바라서 얻은 것들은 아무리 얻어도 끝이 없습니다. 바라는 것은 영원히 승산이 없는 게임에 몰두하는 것입니다.

226

있는 것을 있는 그대로 보는 것이 법이다. 있는 그대로 보지 않는 것은 선입관을 가지고 보는 것으로 진실을 보는 것이 아니다. 있는 그대로 보면 모든 것이 알아차릴 대상이다. 있는 그대로 보는 것이 가장 숭고한 삶이다.

227

세상의 많은 가르침은 가설에 불과하다. 그것이 진실이라고 할지라도 경험하지 못했다면 가설이다. 무엇이나 믿어서도 안 되고, 무엇이나 불신해서도 안 된다. 무조건 믿으면 맹신에 빠지고, 무조건 부정하면 무지에 빠진다. 오직 경험에 의해서 판단된 이성적인 것만 받아들여야 한다.

228

시간이 남는다고 해서 여유가 있는 것이 아니다. 여유가 있기 때문에 오히려 게을러진다. 시간이 없다고 해서 여유가 없는 것이 아니다. 여유가 없기 때문에 더 부지런히 일을 한다. 시간이 있고 없고는 중요하지 않다. 마음가짐이 시간을 지배한다.

229

늘 보던 것이 어느 날 달라진 것은 모든 것이 변하기 때문이다. 늘 하던 일이 어느 날 괴로운 것은 모든 것이 불만족이기 때문이다. 늘 알던 것이 어느 날 새로운 것은 같은 마음이 아니기 때문이다.

230

감각적 욕망은 한순간의 짧은 느낌이다. 아무리 좋은 것도 한순간의 느낌일 뿐이다. 맛있는 음식도 몇 번 씹지도 않고 넘기면 끝이다. 사람들은 짧은 느낌을 위해서 지나치게 집착을 한다. 먹을 때는 음식의 맛을 먹어야지 욕망을 먹어서는 안 된다.

231

당신은 혈통의 계보에 설 것인가, 사회적 신분의 계보에 설 것인가? 당신은 종교의 계보에 설 것인가, 정치적인 계보에 설 것인가? 당신이 진정한 행복을 원한다면 깨달음을 얻은 성자의 계보에 서야 한다.

232

자기 입장을 내세우면 서로의 관계가 불화로 끝난다. 상대의 입장을 헤아리면 서로가 화합하여 관계가 지속된다. 나를 무시한다고 말하는 것이 자기 입장을 내세우는 것이다. 말하지 않고 알아차리는 것이 상대의 입장을 헤아리는 것이다. 내가 무시당했다고 화를 내면 자신도 상대를 무시하는 것이다. 그러므로 자신의 생각은 자신의 생각으로 그쳐야 한다. 무시당한 나도 없으며 무시한 상대도 없다. 단지 그 순간의 조건만 있으며 그것들도 일어났다가 사라진다.

233

좋은 법이 있어도 자신이 가져오지 않으면 나의 것이 아니다. 아무리 좋은 말을 들어도 이해하지 못하면 나의 것이 아니다. 자신이 바뀌려하지 않고 상대만 원망하면 행복을 얻을 수 없다. 선한 것이나 선하지 못한 것이나 모두 자기가 선택한다.

234

누구나 만족할 수 없는 세상을 산다. 갖지 못해도 만족하지 못하며, 가져도 만족하지 못한다. 이러한 불만족을 해결하기 위해서는 수행을 해야 한다. 괴로움을 해결하는 유일한 방법은 모든 대상을 있는 그대로 보는 것이다. 있는 그대로의 것을 알아차리는 것이 진리를 알아차리는 것이다. 진리란 있는 그대로의 것을 뜻한다. 있는 그대로의 것은 논쟁이 여지가 없다. 무엇이나 지금 여기에 있는 대상은 실재하는 것이기 때문에 진실이며, 그래서 논쟁의 여지가 없는 것이다. 있는 그대로 보지 못하는 것은 탐욕으로 보거나 미움으로 보거나 어리석음으로 보는 것이다. 그러므로 모든 대상을 선입관을 가지고 보아서는 안 된다.

235

탐욕을 가지고 보면 대상을 바르게 볼 수가 없다. 탐욕이 있을 때는 장님이 대상을 보는 것과 같다.

236

다툼은 양쪽이 서로 자신의 견해를 굽히지 않을 때 일어난다. 한쪽이 자신의 견해를 관철하려고 하지 않으면 다툼이 일어나지 않는다.

237

수행은 자기 방식대로 살려고 하는 것이 아니고, 성자들의 가르침대로 살려고 하는 것이다. 수행은 자기 성질을 부리려고 하는 것이 아니고, 자신이 성질을 부리는 것을 알아차리려고 하는 것이다. 수행은 당신은 왜 그러냐고 말하기 위해서 하는 것이 아니고, 서로간의 입장이 있는 것을 받아들이기 위해서 하는 것이다. 수행은 요란하게 소리를 내려고 하는 것이 아니고, 무엇이나 알아차려서 고요하게 하기 위해서 하는 것이다.

238

善은 선을 원하는 자에 의해서 만들어지며, 惡은 악
을 원하는 자에 의해서 만들어진다. 선과 악은 서로가
섞이지 않는다. 그러나 한마음 안에 선과 악이 함께
있다.

239

진리를 버린 사람은 진리 밖으로 나가서 진리가 아닌
것을 붙잡고 있는 사람이다.

낙천적인 사람은 인생을 즐겁게 본다. 하지만 그에게
도 괴로움은 있다. 염세적인 사람은 인생을 괴롭게
본다. 하지만 그에게도 즐거움은 있다. 사실적인 사람
은 인생에 즐거움이 있지만 즐거움 때문에 괴로움이
있다고 본다. 하지만 즐거움과 괴로움을 알아차려서
모든 것에서 벗어난 자유를 얻는다.

행복은 남을 비난해서 얻는 행복이 있고, 자신의 내면을 통찰해서 얻는 행복이 있다. 남을 비난해서 얻는 것은 행복이 아니고 불행이다. 이것은 자신의 감각적 욕망의 충족이지 행복이 아니다. 자신의 내면을 통찰하면 지혜가 생긴다. 지혜가 욕망을 제어하면, 이것이 진정한 행복이다.

아름답다고 아는 마음을 알아차리면
아름다움에 빠져 괴로움을 겪지 않는다.

241

인간은 존재하는 세계의 모든 마음을 함께 가지고 있다. 자신의 마음에는 사악도의 마음과, 인간의 마음과, 천인의 마음과, 출세간의 마음이 모두 잠재되어있다. 이처럼 인간의 마음은 천한 마음에서부터 고귀한 마음까지 모든 마음을 가지고 있다. 마음은 조건이 성숙되면 사악도의 마음을 가진 인간이 되고, 인간다운 마음을 가진 인간이 되고, 천인의 마음을 가진 인간이 되고, 깨달음의 마음을 가진 인간이 된다. 마음은 조건에 따라서 일어나므로 선법을 만나면 선해지고, 불선법을 만나면 선하지 못하고, 출세간법을 만나면 자유를 얻는다. 마음이 어떤 조건을 만나서, 어떻게 실천하느냐에 따라서 행복과 불행이 만들어 진다.

242

내가 영원히 머물 곳은 어디에도 없다.

243

행복은 남을 비난해서 얻는 행복이 있고, 자신의 내면
을 통찰해서 얻는 행복이 있다. 남을 비난해서 얻는
것은 행복이 아니고 불행이다. 이것은 자신의 감각적
욕망의 충족이지 행복이 아니다. 자신의 내면을 통찰
하면 지혜가 생긴다. 지혜가 욕망을 제어하면, 이것이
진정한 행복이다.

244

밝음은 어둠에서 오고, 어둠은 밝음에서 온다.

아름다운 것을 볼 때 그것이 아름다운 것이 아니다. 그것을 보는 내 마음이 아름답다고 아는 것이다. 대상은 거기에 그냥 있는데 내가 아름답다고 느끼는 것이다. 아름답다고 생각하는 것은 자신의 마음이 설정한 것이다. 아름답다고 아는 마음을 알아차리면 아름다움에 빠져 괴로움을 겪지 않는다.

나이를 먹었다고 해서 지혜를 얻지 못하는 것이 아니다. 어느 지역 출신이라고 해서 지혜를 얻지 못하는 것이 아니다. 어느 학교를 나왔다고 해서 지혜를 얻지 못하는 것이 아니다. 지위가 없다고 해서 지혜를 얻지 못하는 것이 아니다. 얼굴이 밉다고 해서 지혜를 얻지 못하는 것이 아니다. 돈이 없다고 해서 지혜를 얻지 못하는 것이 아니다. 세속에서는 모든 일을 관념을 가지고 판단한다. 출세간에서는 실재하는 현상을 있는 그대로 보아 지혜를 얻는다. 관념은 편견으로 가득 차 있어 대상의 성품을 보지 못한다. 관념이 아닌 있는 그대로의 실재를 보아야 한다. 고정관념 너머에 있는 진실을 보아야 사물을 바르게 보는 것이다.

247

남을 칭찬하면 자신이 칭찬을 받는다.

248

권위에 복종하거나 유명한 것에 복종하지 마라. 오직
바른 가르침에 복종하라. 관념의 노예가 되지 말고
진실에 귀의해야 한다.

249

내가 가진 몸과 마음은 좋을 때는 소중한 것이지만
나쁠 때는 버리고 싶은 것이다. 아무리 좋아도 바르게
쓰일 때 필요한 것이지 괴로움을 주면 거추장스러운
것이다.

250

자신의 잘못된 견해를 고집하면 상대의 좋은 견해가
쓸모없게 된다.

251

인간의 욕망은 두 가지밖에 없다. 물질적 욕망과 정신
적 욕망이다. 욕망은 일어난 순간에 사라지고, 아무리
가져도 만족할 수 없으며, 내 마음대로 되지 않는다.
욕망을 없애려고 해서는 없어지지 않는다. 단지 욕망
이 있는 것을 알아차리면 된다. 욕망이 사라지는 것은
내가 결정하는 것이 아니고 조건이 결정한다.

252

찬란했던 명성도 한순간에 일어났다가 허공 속으로 사라진다. 고통스러운 비난도 한순간에 일어났다가 허공 속으로 사라진다. 명성이 비난으로 바뀌고, 비난이 명성으로 바뀐다. 이것들은 나의 것이 아니고 생각 속에 있다 사라진 것들이다.

253

달콤한 것에 빠지면 바른 것을 놓친다.

254

칭찬에 즐거움을 느끼고 비난에 괴로움을 느끼면, 자기 인생을 사는 사람이 아니다. 칭찬이나 비난을 받을 때, 단지 상대의 말이라고 알면 자기 인생을 사는 사람이다.

255

내가 남에게 베푸는 것은 그간 내가 받은 많은 은혜를 모든 사람에게 갚는 것입니다. 그러므로 내가 베푼다고 생각해서는 안 됩니다. 빚았으년 갚는 것이 당연한 일이기 때문에 단지 할 일을 한 것입니다.

256

괴로움은 있지만 괴로운 자는 없다. 즐거움은 있지만 즐거운 자는 없다. 순간의 느낌은 있지만 소유하는 자는 없다.

257

내가 고통을 겪고 있다면 자신이 원해서 얻은 결과다. 고통을 원한 적이 없다고 하겠지만 단지 자각하지 못했을 뿐이다. 시작은 한순간의 생각이지만 그 끝을 보면 원인을 알 수 있다.

수행을 하면 관념이 벗겨지고 진실이 드러날 때 괴로움이 따른다. 누구나 욕망을 가지고 살기 때문에 그 실체가 한 꺼풀씩 벗겨지면 자신의 적나라한 모습이 나타난다. 그러나 이것은 나의 모습이 아니고, 허구가 부서지는 모습이다. 그러므로 이것은 나의 고통이 아니고, 단지 허구가 부서지는 고통이다. 이러한 현상은 진실을 향해서 가는 과정에서 생기는 불가피한 고통이다. 누구도 이러한 아픔 없이는 결코 거짓으로부터 벗어날 수 없다. 이러한 고통을 감수하고 계속해서 알아차리면 이 고통은 단지 원인과 결과라는 사실을 안다. 자신의 몸과 마음에 대해서 혐오를 느끼는 것을 두려워해서는 안 된다. 이것이 자유를 얻는 길이다.

259

법은 단지 알아차릴 대상입니다. 그러니 꾸며서 보지 마십시오. 대상을 자기 수준 이상으로 보면 꾸미는 것입니다. 그러니 칭찬하지도 그렇다고 비난하지도 마십시오. 모든 것을 있는 그대로 보아야 바르게 보는 것입니다. 법에 지나치게 찬사를 보이면 과장된 것입니다. 대상은 있는 그대로의 것이지 생각처럼 화려한 것이 아닙니다. 법을 과장하는 사람일수록 빨리 떠납니다.

260

진실이 고리타분하게 느껴질 때 당신의 마음은 진실하지 못하다.

자식들에게 재산을 물려줄 것이 아니고 바르게 사는 방법을 물려주십시오. 누구나 열심히 바르게 살면 반드시 재산을 모을 수 있습니다. 재산을 물려주어도 바르게 살지 않으면 한순간에 없앨 수 있습니다. 물질은 없어질 수 있지만 바른 정신은 없어지지 않습니다. 자식에게 바르게 사는 법을 알리려면 먼저 자신이 바르게 살아야 합니다. 그래야 자식이 바른 방법을 압니다. 그래서 모든 것은 자신으로부터 시작되어야 합니다. 가진 것을 오래 지니지 못하는 것은 자신이 바르기 못하기 때문입니다. 자신이 바르면 자기가 가진 것도 오래 지속할 수 있으며 물려준 것도 오래 지속됩니다. 물질이 중요하지 않고 정신이 중요합니다.

262

유명하다는 명성에는 진실이 결여될 수 있다. 유명해
지기 위해서 노력한다면 자기 인생을 사는 것이 아니
고 남의 인생을 사는 것이다.

263

법은 양심이 있고 수치심이 있습니다. 법을 법답게
대접해야 합니다. 법을 지나치게 찬양하면 법이 부끄
러워합니다. 법을 곤혹스럽게 하지 마십시오. 법은 있
는 그대로 보기를 원합니다.

관념의 세계가 싫증이 나면 실재의 세계를 아는 힘이 생긴 것이다. 없는 것을 있는 것처럼 가장하고 불필요한 허례허식으로 인해 괴로울 때는 이것을 아는 지혜가 생긴 것이다. 이때 이런 마음이 있는 것을 괴로워해서는 안 된다. 오히려 이런 현상을 알게 된 지혜가 생긴 것이다. 그러므로 이때는 허구를 안 마음을 다시 알아차려야 한다. 그래야 괴로움이 지혜로 바뀐다. 괴로움을 안 마음도 나의 마음이 아니고 한순간에 일어나서 사라진 마음이다.

265

마음은 한순간에 하나만 있다. 영화는 한 장면의 필름
이 모여서 연속적으로 진행된다. 마음도 한순간의 마
음이 모여서 연속적으로 흐른다. 있는 마음은 사라지
고 항상 새로운 마음이 일어난다. 그래서 마음은 무상
하고 나의 마음이 아니다. 흐르고 있는 마음 중에서
어느 것이 나의 마음인가? 마음은 있지만 한순간의
마음이지 나의 마음이 아니다. 마음은 조건에 의해서
변하고 내가 소유하지 못해서 무아다.

266

내게 중요한 일이라고 해서 남에게도 중요하지는 않
다. 내게 중요한 일이 남에게도 중요한 일이다. 내가
불선심을 가지고 있으면 남에게는 중요하지 않다. 내
가 선심을 가지고 있으면 남에게도 중요한 일이다.

ㅿ 267

마음이 화를 내고, 마음이 욕심을 부리고, 마음이 어리석다. 화를 내는 마음은 의식의 표면층에 있어서 쉽게 나타난다. 욕심을 부리는 마음은 의식의 중간층에 있어서 살짝 숨겨져 있다. 어리석은 마음은 의식의 깊은 층에 있어서 있는지 모른다. 지혜의 상태에 따라서 표면층과 중간층과 깊은 층을 알아차릴 수 있다.

ㅿ 268

법은 대상에 있지 않고, 대상을 아는 마음에 있다. 대상은 법을 알게 하는 조건일 뿐이다. 마음이 대상을 알기 때문에 마음이 법이다.

269

인연이 다한 것을 괴로워하지 마라. 무슨 힘으로 세월
의 인연을 막을 수 있겠는가. 갈 것을 고이 보내는
것이 아름다운 것이다.

270

떠난 것을 붙잡으려 하지 말고, 새로 만난 것을 알아
차려라. 모두 스쳐 지나가는 것들이다. 진실은 여기
현재에만 있다.

즐거움과 괴로움은 과거에 있지 않고 현재에 있다. 즐거움과 괴로움은 미래에 있지 않고 현재에 있다. 실재하는 느낌은 과거나 미래에 있지 않고 언제나 지금 여기에 있다. 지금 여기에 있는 것을 알아차리는 것이 법을 보는 것이다.

271

일어난 것은 사라지고, 소유한 것은 소멸한다. 좋은 일어남은 즐거움이고, 싫은 일어남은 괴로움이다. 일어난 것이 반드시 사라진다면 즐거워하거나 괴로워할 것이 없다.

272

느낌으로 얻은 행복은 더 많은 것을 바라기 때문에 그것 자체가 불만족이다. 느낌으로 얻은 모든 행복은 진정한 행복이 아니다. 느낌이 소멸한 열반에서만 진정한 행복을 누린다.

273

바라기 때문에 괴롭다. 없애려고 해서 괴롭다. 모르기
때문에 괴롭다. 있는 그대로 보면 괴롭지 않다.

274

내 몸이 고요해야 마음도 고요하다. 내 마음이 고요해
야 아는 마음도 고요하다. 세상이 고요하지 못해도
내 몸과 마음이 고요하면 마음도 고요하다. 세상이
고요해도 내 몸과 마음이 고요하지 못하면 마음도
고요하지 못하다.

275

남을 이해한 공덕의 과보는 자기가 가장 먼저 받는다.

276

바른 법도 집착을 하면 삿된 법이 된다. 좋다고 해도
지나치면 정도를 벗어난 것이다. 하물며 바르지 못한
법은 더욱 집착해서는 안 된다.

277

잘하려는 마음 없이 있는 그대로 알아차려라. 단지
대상이 있어서 지켜보기만 하면 된다. 대상을 바꾸려
고 하지마라. 개입하면 욕망이 생긴다. 바라는 마음으
로 하면 괴로움이 따른다. 선한 일을 하면서 괴로울
필요가 없다.

🙏 278

즐거움과 괴로움은 과거에 있지 않고 현재에 있다.
즐거움과 괴로움은 미래에 있지 않고 현재에 있다.
실재하는 느낌은 과거나 미래에 있지 않고 언제나
지금 여기에 있다. 지금 여기에 있는 것을 알아차리는
것이 법을 보는 것이다.

🙏 279

물이 무거울 때는 낮은 곳으로 흘러서 모이고, 가벼울
때는 허공 속으로 사라진다. 마음이 선하지 못할 때는
번뇌가 쌓이고, 선할 때는 번뇌가 소멸한다.

누가 잘못을 저질렀어도 그를 비난하지 마십시오. 그러면 그가 용기를 잃고 더 큰 잘못을 저지를 수 있습니다. 그가 선하지 못한 마음으로 잘못을 저질렀지만 그에게도 선한 마음이 있습니다. 다만 그 조건에서 실수로 그런 일을 했으므로 (그를) 이해하려고 노력해야 합니다. 무엇이나 결론을 내리고 비난하면 극단으로 가는 것입니다. 그러면 상대나 상대를 비난하는 자신이나 돌이킬 수 없는 불선업을 짓는 것입니다. 상대가 선심과 불선심을 함께 가지고 있듯이 상대를 보는 자신도 똑 같이 선심과 불선심을 함께 가지고 있습니다. 자신도 어떤 조건하에서는 불가피하게 잘못을 저지를 수 있으므로 상대의 일이 남의 일이 아닌 것입니다.

🗿 281

행복을 말한다고 해서 반드시 행복한 것은 아니다.
글이나 말은 관념이라서 표피적이다. 가장 고귀한 진
실은 언어 건너편에 있다. 수행을 해서 지혜가 나야
언어의 거미줄에 걸리지 않는다. '나'라는 관념에 걸
리지 않을 때 지고의 행복을 얻는다.

🗿 282

수행은 불가능한 것을 가능하게 하는 것이 아니다.
가능한 것을 실천하여 성취하는 것이다.

283

생명보다 더 소중한 것은 없다. 남의 생명이든 자신의 생명이든 소중하기는 마찬가지다. 생명을 소중히 여기려면 생명을 유지하고 있는 몸과 마음을 알아차려야 한다. 생명만 중요한 줄 알고 몸과 마음을 소홀히 한다면 생명을 가볍게 여기는 것이다.

284

자기 입장에서 생각하면 다툼과 분열이 있다. 법의 입장에서 생각하면 다툼과 분열이 없다. 법에는 내가 없고 단지 사실만 있다.

285

논쟁의 요점은 이기고 지는 것이 아니고 진실과 거짓
에 있다. 잘못된 견해와 바른 견해의 차이는 유신견과
무아다.

286

자신이 가지고 있는 능력 이상의 것을 기대해서는
안 된다. 상대가 가지고 있는 능력 이상의 것을 기대
해서도 안 된다. 기대가 크면 결과에 만족할 수 없다.

287

어디서 무엇을 하거나 마음가짐이 가장 중요하다. 바른 마음으로 하면 반드시 바른 결과가 있다. 바른 마음은 대상을 있는 그대로 보는 것이다. 바라지 않고 없애려고 하지 않고 있는 그대로 보면 모든 것이 일어나고 사라지는 것을 아는 지혜가 난다. 일어나고 사라지는 것을 아는 지혜가 나면 괴로움을 아는 지혜가 난다. 이 같은 괴로움에서 벗어나려면 괴로움에서 벗어나려는 마음조차도 알아차려야 한다. 괴로움의 지혜에 이르러야 모든 것은 자아가 있어서 하는 것이 아니고 단지 조건이 하는 것이라고 알아 무아의 지혜를 얻는다. 이와 같이 험난한 과정을 이겨낸 사람만이 궁극의 지혜인 무아를 알아 해탈의 고요함을 얻는다.

288

몸은 집이고 마음은 방랑자다. 수행은 방랑자에게 집 안일을 시키는 것이다.

289

재산은 행복의 조건이지 그것 자체가 행복은 아니다.
물질적 소유로 인해 더 불행할 수도 있다.

290

유신견은 사람의 눈을 멀게 하고 마음을 어두움에
가둔다. 내 나라 사람, 나의 종씨, 내 고향사람, 내
학교 출신으로 보면 어리석음으로 보는 것이다. 그래
서 바르지 못한 것도 바른 것으로 본다. 부끄러운 일
을 자랑스러워하면 양심이 없고 지혜가 없는 것이다.

291

자신의 가치는 자기 스스로가 높인다. 자신의 가치는
자기 스스로가 떨어뜨린다.

292

마음이 몸을 알아차리면 현재에 머물러 행복을 얻으
며, 과거의 일로 후회를 하지 않고, 미래의 일로 두려
워하지 않는다.

293

출세간의 성스러운 법은 세속의 생각으로는 알 수
없다. 법은 수행을 해서 하나씩 지혜의 이삭을 주워가
면서 아는 것이다. 수행이 어려워서 못하겠다는 것은
아직 수행을 하려는 의지가 없는 것이다. 수행을 하려
는 진정한 의지가 있다면 어떤 어려움과 고난도 감수
할 수 있다. 노력도 하지 않고 어렵다고 생각하면 스
스로 기회를 포기하는 것이다. 아직 감각적 욕망을
즐길 거리가 많으면 오히려 법이 고통스러운 것이다.
법이 내게 와서 문을 열지 않는다. 내가 수행을 해서
법이 문을 열어야 한다. 법은 원하지 않는 자에게는
보이지 않고 원하는 자에게만 항상 문이 열려있다.

294

모든 것들은 진동한다. 진동하는 것은 소멸한다. 진동
하는 것은 새로 일어난다. 이것이 무상이다. 진동하는
것은 실체가 없고 원인과 결과라는 흐름만 있다. 이것
이 무아다.

295

물질을 소유해서 얻는 행복은 탐욕이 있는 행복이
다. 알아차림으로 절제해서 얻는 행복이 깨끗한 행
복이다.

296

유신견이 강하면 이기심이 강하다. 이기적인 마음은
스스로를 섬에 가둔다. 유신견의 피해자는 자기 자신
이다.

297

세상에는 일시적인 것과 일시적이지 않은 것이 있다.
원인과 결과에 의해서 생긴 것들은 일시적이다. 원인
과 결과가 끊어지면 일어나고 사라짐도 끊어진다.

불교의 수행은 없는 것을 대상으로 하지 않고 실재하는 것을 대상으로 알아차리는 수행이다. 정신세계의 실재는 관념적 실재와 궁극적 실재가 있다. 관념적 실재는 실재하는 것의 모양을 대상으로 알아차리는 것으로 사마타 수행이다. 궁극적 실재는 실재하는 것의 느낌을 알아차리는 것으로 위빠사나 수행이다. 사마타 수행도 없는 것을 대상으로 하면 관념적 실재를 벗어난 것이다. 그래서 이러한 수행은 불교에서 하는 사마타 수행이라고 할 수 없다. 위빠사나 수행의 대상인 느낌, 마음, 법은 추론적인 대상이다. 하지만 몸이라는 실재하는 것에 근거한 것이라서 전혀 없는 것을 대상으로 하는 추론이 아니다.

가장 큰 재산은 사람이다. 가장 큰 재산은 믿음이다. 가장 큰 재산은 노력이다.

300

세상에는 안 되는 것이 있고, 될 수 있는 것이 있다. 안 되는 것을 되게 하려는 것은 어리석은 도전이다. 될 수 있는 것을 되게 하는 것이 지혜다. 위빠사나 수행은 될 수 있는 것을 되게 하는 것이다. 수행은 자신이 경험한 것을 대상으로 알아차리며, 앞으로 경험할 수 있는 것을 대상으로 알아차린다. 안 되는 것과 되는 것을 구별하는 것이 지혜다. 자신의 몸과 마음에 관한 것이 아니고서는 무엇이나 될 수 있다고 장담할 수 없다. 그러므로 안 되는 것은 포기하고 될 수 있는 것을 대상으로 노력해야 한다. 될 수 있는 것이라고 해서 모두 되는 것이 아니다. 바람이 없이 최선을 다해 노력하고 결과를 기다려야 한다.

선한 마음도 균형이 있어야 한다. 그러므로 평등심을 가져야 한다. 선을
지나치게 강조하면 집착을 하여 선한 것이 퇴색한다.

내가 한 행위는 나의 발자국이고 나의 그림자다.
내가 한 행위는 나의 소유라서 고스란히 그 결과를 받는다.

301

내가 남의 괴로움을 해결해줄 수 없는 것처럼, 남도
나의 괴로움을 해결해 줄 수 없다. 괴로움의 완전한
해결은 자신의 지혜로만 풀 수 있다.

302

괴로움뿐인 바다를 건너 번뇌가 없는 행복한 곳에
가려면 팔정도라는 배를 타고 가야한다.

303

괴로운 만큼 무지했으며 괴로운 만큼 집착했다. 괴로
움은 자신이 만는 원인에 의해서 생긴 걸과이다.

304

수행이 좋은지 모르는 것은 아직 선업의 조건이 성숙
되지 않아서 지혜가 없기 때문이다. 수행이 좋은지
알아도 하지 않는 것은 아직 선업의 조건이 충분하지
못해서 지혜가 없기 때문이다. 선한 것이나 선하지
못한 것이나 저 스스로의 조건이 성숙되어서 일어나
는 것이다.

305

믿음에 지혜가 따르지 않으면 맹목적 신앙이 되어
우매해진다.

306

다른 사람이 나를 비난할 때 평정심으로 받아들이듯이 다른 사람이 나를 칭찬할 때에도 평정심으로 받아들여야 한다.

307

불교라는 말은 부처님의 가르침을 뜻한다. 부처님의 가르침은 있는 그대로의 사실을 보는 것이다. 이것을 법이라고 한다. 사물을 있는 그대로 보면 대상에 휩쓸리지 않아 탐욕과 성냄을 일으키지 않기 때문에 괴로움으로부터 보호를 받는다. 있는 그대로의 사실을 실재라고 하며 이것만이 가장 진실한 것이다. 있는 그대로의 진실은 무상, 고, 무아다. 있는 그대로의 진실은 허무주의나 종교의 의식이 아니다. 회의적이거나 독단적인 것도 아니고, 금욕이나 탐욕도 아니다. 염세주의나 낙천주의도 아니다. 법은 세상을 향한 외향적인 것이 아니고 내향적인 것이다. 그러므로 신을 중심으로 하지 않고 오직 인간을 중심으로 삼는다.

308

자신의 마음속에 있는 사랑하는 마음을 키워야 한다.
안 그러면 자신의 마음속에 있는 미워하는 마음이
커진다.

309

가는 길이 다른 사람을 섭섭하게 여기지 마라. 길이
다르면 가치관이 달라 나를 이해하지 못한다. 상대가
나를 이해하지 못하는 것처럼 나도 상대를 이해하지
못하고 있다. 나를 알아주기를 원하지 말고 그런 상대
를 내가 이해해야 한다.

310

어리석으면 집착을 하고 지혜가 나면 집착을 버린다.
어려서 장난감을 가지고 놀다가 성인이 되면 버리듯
이 통찰지혜가 나면 모든 욕망에서 벗어난다.

311

차별이 있는 사랑은 악한 의도를 가진 사랑이다. 차별
이 없는 사랑이 선한 의도를 가진 사랑이다.

🙏 312

시간이 없어서 쫓기며 사는 것이 아니다. 시간이 많아
도 쫓기면서 산다.

🙏 313

사람은 축생보다 고귀한 삶을 살 수도 있고, 축생보다
도 못한 삶을 살 수도 있다. 사람이 축생보다 괴롭게
산다면 축생보다 더 많은 욕망을 가졌기 때문이다.

🙏 314

자신의 선업으로 인해 지위나 명예나 재산을 얻는다.
하지만 선업을 후회하면 지위나 명예나 재산을 얻고
도 이것을 누리지 못한다.

315

내가 한 행위는 나의 발자국이고 나의 그림자다. 내가
한 행위는 나의 소유라서 고스란히 그 결과를 받는다.

316

처음에는 미워서 미워하다가 차츰 미워하는 것을 좋
아해서 미워한다. 집착은 좋은 것과 나쁜 것을 구별하
지 않는다.

317

수행자는 자신이 가진 힘을 오직 번뇌를 해결하는 일에 써야 한다. 여러 가지의 잡다한 일에 관심을 가지고 힘을 분산하면 지혜의 불을 지피기 어렵다. 관념적인 것을 대상으로 삼을 때는 문제의 해답을 얻을 수 없다. 몸과 마음의 실재하는 것을 대상으로 할 때만이 통찰지혜가 생겨 괴로움을 해결할 수 있다.

318

지혜는 지식으로부터 나오지 않고 선한 마음으로부터 나온다.

319

자신의 이익만을 위해서 노력하지 마라. 남도 이익을
얻을 수 있도록 노력해야 한다.

320

보는 것은 있어도 보는 자는 없다. 보는 자가 있다는
것은 보는 것을 아는 마음이 있다는 상징적인 표현이
다. 눈과 대상과 빛과 아는 마음이란 조건에 의해서
보는 것이기 때문에 이것을 소유하는 자아는 없다.
단지 조건이 성숙되어서 보는 것일 뿐이다. 대상을
아는 마음은 있지만 일어난 순간에 사라지므로 이것
을 '나'라고 할 수 없다.

321

감각적 욕망으로 얻는 것은 행복이 아니다. 감각적 욕망이 끊어진 것이 진정한 행복이다.

322

자기가 베푼 것만 생각하는 사람은 스스로가 판 함정에 빠진 사람이다.

323

자신의 감정에 충실해서는 안 된다. 자신의 감정을 알아차리는 것에 충실해야 한다.

324

선한 마음도 균형이 있어야 한다. 그러므로 평등심을
가져야 한다. 선을 지나치게 강조하면 집착을 하여
선한 것이 퇴색한다.

325

애정은 즐거움을 주지만 괴로움도 준다. 즐거움에는
항상 괴로움이 따른다. 즐거울 때는 즐거운 것을 알아
차리고, 괴로울 때는 괴로운 것을 알아차려야 한다.

326

자신을 정화하는 방법은 외부에 있지 않고 자신의
내면에 있다. 상대에 의해 유발된 번뇌라 할지라도
그것을 해결하는 방법은 상대에 있지 않고, 오직 자신
의 모범적인 견해에서 나온다.

할아버지와 할머니가 가신 길을 아버지와 어머니가 가시고 이제 내가 가야한다. 우수수 떨어지는 낙엽처럼 나도 하나의 낙엽이 되어야 한다. 이렇게 가는 길에 그리도 고단한 일이 많았구나. 이렇게 가는 것을 알면서도 아직도 고단한 일을 놓지 못하고 있구나.

좋은 일로 이익을 얻었을 때는 얻은 만큼 주지 말고 오히려 더 많이 베풀어야 한다. 이것이 자신도 좋고 상대에게도 좋은 일이다. 이렇게 할 때만이 행복이 있고 평화가 있다. 받기만 하고 주지 않는다면 좋은 관계가 더 이상 향상될 수 없다. 좋지 않은 일로 피해를 당했을 때는 당한 만큼 앙갚음을 하지 말고 오히려 관용을 베풀어야 한다. 이것이 자신도 좋고 상대에게도 좋은 일이다. 이렇게 할 때만이 미움이 없고 다툼이 없다. 받은 대로 앙갚음을 한다면 파멸밖에 없다. 흥분한 마음에는 절제가 없다. 절제가 없으면 비도덕적이고 폭력이 난무한다. 좋은 일은 키워야 하며 좋지 않은 일은 자제하는 것이 선하고 아름다운 마음이다.

정신과 물질은 끊임없이 진동한다. 다른 모든 것들도 쉬지 않고 진동한다. 진동하는 것은 변하는 것이며 변하는 것이 무상이다. 존재하는 것은 무엇이나 한순간도 그대로 있지 않고 항상 일어나서 사라진다. 실재하는 것이란 일어나서 사라지는 것밖에 없다. 이처럼 일어나서 사라지는 무상을 알면 집착할 것이 없다. 일어나서 사라지는 것을 움켜쥐려고 해야 모두 손가락 사이로 빠져나간다. 그러나 움켜쥐지 않고 일어나고 사라지는 것을 그냥 지켜보면 빠져나갈 것이 없다. 결코 움켜쥘 수 없는 것을 움켜쥐려하기 때문에 빠져나가는 것이다. 이렇게 있는 그대로의 성품을 지켜보는 것이 무상으로부터 자유로워지는 유일한 길이다.

330

누가 말했다고 해서 그 말이 진실한 것이 아니다.
단지 그의 말일 뿐이다. 오랫동안 지켜온 전통이라
고 해서 그것이 진실한 것이 아니다. 단지 습관일
뿐이다.

삶의 고단한 여행을 끝내고 더 이상 갈 곳이 없는 사람은 감각적 욕망의
속박에서 벗어난 사람이다. 삶의 고단한 여행을 끝내고 철새처럼 다시 떠나
는 사람은 아직 감각적 욕망을 즐기는 사람이다.

매순간 새로 일어난 것은 일어난 순간에 사라진다.
진동하기 때문에 성장하며 성장한 것은 반드시 소멸한다.

331

한순간의 마음이 자신을 선하게도 하고, 악으로 떨어
지게도 한다. 대상을 알아차리면 한순간의 마음이 바
르다.

332

삶의 고단한 여행을 끝내고 더 이상 갈 곳이 없는
사람은 감각적 욕망의 속박에서 벗어난 사람이다. 삶
의 고단한 여행을 끝내고 철새처럼 다시 떠나는 사람
은 아직 감각적 욕망을 즐기는 사람이다.

333

괴로움이 멈추기를 바라지 말고 괴로워서 생긴 두려움을 알아차려라. 그러면 두려움을 이겨낼 용기와 인내가 생길 것이다. 두려운 마음을 가지고 있는 한 괴로움으로부터 자유롭지 못하다.

334

유명해지기를 바라지 말고 훌륭해지기를 바라야 한다. 유명한 것의 이면에는 욕망과 자기도취가 있다. 남을 의식하는 삶은 내면의 성찰이 부족하다. 유명하려고 하지 않는 것이 훌륭한 것이다.

335

바른 노력을 해야 바른 지혜를 얻는다. 어떻게 노력하
느냐에 따라서 어떤 지혜를 얻는가가 결정된다.

336

자애는 선한 것만 받아들이는 것이 아니고 선하지
못한 것도 받아들여서 이해하는 것이다.

337

고통이 나를 겸손하게 만든다.

🧘 338

목련나무는 봄에 꽃을 피우기 위해 여름에 꽃봉오리
를 만들어 겨울을 이겨낸다.

🧘 339

모든 고통의 근원은 욕망이다. 욕망이 고통의 근원인
것을 모르는 것이 무지다. 고통의 근원을 아는 지혜가
나도 이미 지은 업은 받아야 한다.

🧘 340

나의 생각이 나의 인격이며 나의 운명을 결정한다.

341

올바르게 이해하는 것이 올바른 지혜다.

342

수행을 하면서 호흡을 알아차리는 것은 호흡에 특별한 의미가 있어서 알아차리는 것이 아니다. 몸을 알아차릴 때는 가장 두드러진 대상이 호흡이라서 알아차리는 것이다. 만약 호흡 대신에 통증이 나타나면 통증이 알아차릴 대상이다. 망상이나 졸음이 올 때는 망상이나 졸음이 알아차릴 대상이다. 수행이 하기 싫을 때는 수행이 하기 싫은 것이 알아차릴 대상이다. 이런 대상이 사라지면 다시 호흡을 알아차리는 것이 좋다. 호흡의 위치도 특정한 곳에 한정해서 알아차리기보다 두드러지게 나타나는 곳에서 알아차리면 된다. 수행은 대상을 알아차려서 지속하는 것이 중요하지 반드시 하나의 대상을 알아차려야 하는 것은 아니다.

343

法을 말하는 몸과 마음은 있어도 법을 말하는 者는
없다. 법을 말할 때는 그 순간의 마음이 말한다. 이것
을 완벽하게 섭렵해서 말하는 것은 아니다. 섭렵했다
고 해도 정도의 차이가 있다. 성자처럼 완전한 지혜
가 나서 말하는 경우도 있다. 일반적으로는 법을 생
각하고 그렇게 되기를 바라는 마음으로 말한다. 그러
므로 법과 법을 말하는 순간의 마음의 차이를 이해해
야 한다.

344

수행자의 믿음은 마음의 밭을 갈아 씨를 뿌리는 것이
다. 수행자의 고통은 밭에 물을 주는 것이다. 수행자
의 알아차림은 씨를 발아시켜 수려하게 키우는 것이
다. 이러한 노력의 결과로 지혜의 열매가 열린다.

345

산다는 것은 항상 백척간두에 서있는 것이다. 즐거울
때도 위험이 있으니 즐거움에 취하지 마라. 괴로울
때도 위험이 있으니 괴로움에 취하지 마라.

346

욕망은 자신의 감각적 욕망을 길들이는 것이다. 성냄
은 자신의 몸과 마음을 불태우는 것이다. 어리석음은
자신의 모든 잘못을 완성하는 것이다.

347

행위가 아름다우면 결과가 아름답다. 행위에 대한 결
과는 그림자로 투영된다. 씨앗이 좋으면 결실이 좋다.

348

연민의 정을 가지면 상대에 대한 슬픔과 동정을 느낀
다. 그리고 폭력적인 마음이 사라진다. 하지만 연민의
정이 가지고 있는 약점은 생각에 그치고 만다는 것이
다. 그러므로 연민의 정에 자애를 보태어서 남을 돕는
행위가 따라야 한다. 생각에 그치는 것으로는 선업이
완성되지 않으므로 행위가 있어야 한다. 이것이 바라
밀의 완성이다.

사람이 태어날 때는 부모로부터 물려받은 요인보다 자신이 행한 축적된 성향의 영향을 더 많이 받아서 태어난다. 부모는 단지 조건을 제공하는 관계이고 자신이 세상에 태어날 때는 자신이 지은 업에 더 크게 의존하여 탄생한다. 훌륭한 부모에게서 열등한 자식이 태어날 수도 있고, 열등한 부모에게서 훌륭한 자식이 태어날 수도 있다. 부모에게서 받은 업의 적용범위나 자신이 지은 업의 적용범위는 매우 미묘한 것이라서 예측을 하기가 어렵다. 그러므로 지난 업을 문제 삼지 말고 어떤 업의 적용을 받거나 모두 알아차려서 극복해야 한다. 그리고 항상 새로운 선한 업을 지어 지금 이후는 선업의 과보를 받을 수 있도록 해야 한다.

349

모든 것은 진동한다. 몸과 마음도 매순간 진동한다.
진동하는 것이 무상이다. 무상해서 같은 것이 아니다.
매순간 새로 일어난 것은 일어난 순간에 사라진다.
진동하기 때문에 성장하며 성장한 것은 반드시 소멸
한다.

351

내가 선한 행위를 했을 때는 자신이 청정해지고 자신
과 관계된 주변이 청정해진다. 내가 선하지 못한 행위
를 했을 때는 자신이 더럽혀지고 자신과 관계된 주변
이 불결해진다. 당신이 감각적 욕망을 제어할 수 있다
면 스스로를 청정하게 하여 행복할 것이다. 당신이
감각적 욕망에 사로잡히면 스스로를 더럽게 하여 불
행할 것이다.

내가 옳다고 해서 모두 다 옳은 것은 아니다. 단지 내가 옳다고 생각하는 것이다. 상대가 옳다고 해서 모두 다 옳은 것이 아니다. 단지 상대가 옳다고 생각하는 것이다. 그렇다면 과연 무엇이 옳은 것인가? 대상을 있는 그대로 알아차리는 것이 옳은 것이다. 알아차림은 서로의 옳고 그름을 떠난 새로운 형태의 진실이다.

🛐 353

고통스러울 때 두 가지 의지가 있다. 고통에서 벗어나는 길을 몰라 괴로워하는 사람은 고통에 예속된 의지를 가진 사람이다. 그러나 고통으로부터 벗어나고자 하는 자유의지가 있는 사람은 고통을 있는 그대로 알아차려서 고통으로부터 자유를 얻는다. 어리석은 사람은 고통에서 벗어날 줄 몰라 고스란히 고통을 겪으면서 살아야 한다. 고통은 고통에서 벗어나려고 할수록 더욱 깊은 수렁으로 빠지게 한다. 하지만 수행자는 고통을 벗어나려고 하지 않고 고통을 있는 그대로 알아차려서 괴로움에서 벗어나는 자유의지를 계발한다.

🛐 354

체면은 관념이고 실리는 실재다. 관념에는 허세가 있고 실재에는 지혜가 있다. 감정적인 평가보다는 이성적인 평가가 더 좋다.

사는 동안에 사는 것처럼 살려면 누구처럼 살아야 하는 것일까? 그렇다고 악마처럼 살 수도 없고 당장 부처님처럼 살 수도 없는 노릇이다. 허나 이런 선택의 고민은 이차적인 것이다. 먼저 어떻게 살아야 할지를 바르게 자각하는 마음이 있어야 한다. 무엇이 되기 위해 살려고 노력하는 것도 필요하지만 먼저 어떻게 사느냐 하는 것이 중요하다. 이것은 바른 알아차림이 있으면 된다. 그래서 일차적으로 무엇을 하거나 하고 있는 것을 대상으로 알아차리면 이 삶이 바로 부처님처럼 사는 것이다. 부처가 되는 것은 아라한이 되는 것으로 알아차림을 지속하면 원인과 결과가 없는 마음의 상태가 되어 자연스럽게 이르는 경지다.

🗿 356

무엇에 기초한 이상인가? 이상이 없으면 무생물이고, 이상이 지나치면 환상이다. 꿈은 꿈이고 현실은 현실이다. 현실에 기초한 이상일 때만이 그 희망이 실현될 수 있다.

🗿 358

욕망을 가지고 하는 일을 모두 성취할 수 있다면 그는 인간이 아닌 초월적 존재다. 그러므로 노력을 한다고 해서 모든 것이 다 이루어지는 것은 아니다. 단지 노력하는 것에 의미를 두어야지 결과에 연연해서는 안 된다. 될 수 있는 일에 최선을 다해도 되지 않았다면 아직 합당한 조건이 성숙되지 않은 것이다. 계속해서 노력을 한다면 지금은 되지 않았지만 다음에 이루어질 수도 있다. 모든 일에는 자신의 선업의 과보와 불선업의 과보가 작용하므로 주어진 결과를 겸허하게 받아들여야 한다.

나와 상대의 관계에서 생긴 일 중에 안 되는 것은 안 되는 것이다. 안 되는 것은 내가 어떻게 한다고 해도 되지 않는다. 그러므로 때로는 포기할 줄도 알아야 한다. 만약 포기하지 못해 괴로움을 겪는다면 온전히 자신의 욕망으로 인해 고통을 겪는 것이다. 세상의 일에는 나만 있는 것이 아니고 상대가 있다. 만약 안 되는 것을 되게 하려면 거짓으로 속이거나 폭력이나 부정한 방법을 사용해야 한다. 안 되는 일을 되게 하려면 비도덕적인 행위를 해야 하므로 오히려 이런 일은 성사되지 않는 것이 바람직하다. 자신이 아무리 좋은 뜻을 가지고 하는 일이라도 자신의 욕망으로 하는 것이라면 결코 최선이라고 할 수 없다.

괴로울 때는 괴로움이 있는 세계를 탐험할 수 있는 기
회가 온 것이다. 즐거울 때는 즐거움을 탐험할 수 있는
기회가 온 것이다. 괴롭기 때문에 괴로움을 알아차리는
수행을 할 수 있다. 즐겁기 때문에 즐거움을 알아차리
는 수행을 할 수 있다. 어떤 상황에서나 수행을 할 수
있다는 것은 새로운 세계를 탐험하는 기회이다.

360

혼란한 마음일 때는 거짓이 진실처럼 보이고, 진실이 거짓처럼 보인다. 혼란할 때는 자신의 잘못을 몰라서 부끄러움을 모른다. 혼란할 때는 혼란한 마음을 알아차려서 고요함을 얻어야 한다. 고요한 마음일 때는 거짓이 거짓처럼 보이고, 진실이 진실처럼 보인다. 고요할 때는 자신의 잘못을 알아서 부끄러움을 안다. 고요할 때는 고요한 마음을 알아차려서 고요함에 빠지지 않아야 한다. 모든 것은 알아차릴 대상이다. 혼란함도 알아차릴 대상이며, 고요함도 알아차릴 대상이다. 이렇게 무엇이나 알아차리는 것도 알아차릴 대상이다. 알아차리는 것조차도 알아차릴 대상이 되어야 모든 대상을 완전하게 알아차려서 있는 그대로 볼 수 있다.

내가 맹세를 한 현재의 마음과 맹세를 하고난 후의 마음은 다른 마음이다. 맹세를 한 마음은 나의 마음이 아니고 매순간 조건에 의해서 변하는 마음이다. 맹세를 하고 싶은 마음은 있지만 다음에 맹세를 실천하는 마음은 변할 수 있다. 그러므로 맹세를 해도 본의 아니게 맹세를 지킬 수가 없다. 상대가 내게 맹세를 할 때도 마찬가지다. 단지 맹세하고 싶은 순간의 마음은 있지만 그 마음은 변하기 마련이란 것을 이해해야 한다. 그래서 상대의 말을 믿지 말고 그렇게 하고 싶은 마음이 있다는 것을 아는 것으로 그쳐야 한다. 그렇지 않으면 상대를 원망하거나 상대의 말로 인해 깊은 상처를 받아 괴로움을 겪어야 한다.

내가 책임진다고 한 현재의 마음과 책임지겠다고 한 후의 마음은 다른 마음이다. 책임지겠다고 한 마음은 나의 마음이 아니고 단지 매순간 조건에 의해 변하는 마음이다. 책임지고 싶은 마음은 있지만 다음에 책임을 실천하는 마음은 변할 수 있다. 그러므로 책임지고 싶어도 본의 아니게 책임질 수가 없나. 상대가 내게 책임지겠다고 할 때도 마찬가지다. 단지 책임지고 싶은 순간의 마음은 있지만 그 마음은 변하기 마련이란 것을 이해해야 한다. 상대의 말을 믿지 말고 그렇게 하고 싶은 마음이 있다는 것을 아는 것으로 그쳐야 한다. 그렇지 않으면 상대를 원망하거나 상대의 말로 인해 깊은 상처를 받아 괴로움을 겪어야 한다.

망상은 항상 하는 것이다. 누구나 망상을 하면서 살아왔고, 현재에도 그러하며, 미래에도 그렇게 살 것이다. 그러니 망상을 없애려고 하지 말고, 단지 망상하는 것을 알아차려라. 망상한 것을 알아차린 뒤에 망상하는 마음을 알아차리거나, 가슴의 느낌을 알아차리거나, 호흡을 알아차리거나, 현재 하고 있는 일을 알아차리거나, 어느 것이나 적절하게 알아차리면 된다. 이러한 과정을 단계적으로 알아차려도 좋고, 가장 강한 대상 중에서 하나를 알아차려도 좋다. 망상이 다시 나타나면 다시 알아차려야 한다. 이렇게 알아차리면 할 일을 다 한 것이다. 어떤 망상이 나타나더라도 반복적으로 알아차리면 훌륭한 수행을 하는 것이다.

364

마음은 매순간 일어나고 사라진다. 일어난 마음은 일어난 순간에 사라지고 이 마음에 담긴 과보의 힘으로 다음 마음이 일어난다. 그래서 항상 앞선 마음이 다음 마음을 결정한다. 태어나서 죽을 때까지 흐르는 마음에 의해 삶이 지속된다. 그러므로 매순간의 마음은 같은 마음이 아니다. 이것을 무아라고 한다. 죽기 전의 마음이 다음 생을 결정한다. 그러나 죽기 전에 어떤 마음을 먹을지 알 수 없다. 다만 평소에 제일 많이 먹던 마음을 먹기가 쉽다. 죽기 전에 알아차리는 마음이 일어나면 그 마음이 다음 생을 결정한다. 죽을 때의 마음에 원인이 있으면 결과로 태어나고, 원인이 없으면 결과가 소멸되어 다시 태어나지 않는다.

몸은 늙지만 마음은 늙지 않는다. 단지 몸이 늙기 때문에 마음이 늙었다고 생각한다. 몸은 보이는 물질이라서 생성과 소멸을 하면서 늙어간다. 늙었다는 것은 생성과 소멸의 과정이 기록으로 남은 것이다. 마음은 보이지 않는 비 물질이라서 생성과 소멸을 하지만 늙지 않는다. 늙지 않는다는 것은 생성과 소멸이 기록으로 남지 않은 것이다. 마음은 매순간 일어나고 사라지면서 새로운 마음이 일어나 늙을 시간이 없다. 몸이 나이를 먹으면 노쇠해져 활력이 떨어진다. 마음이 나이를 먹으면 경험이 생겨 지혜가 충만해진다. 마음이 늙었다고 판단해서 스스로 포기하기 때문에 나태해진다. 마음은 세월이 흐를수록 보석처럼 빛난다.

위빠사나문고 **옹달샘** ②
마음은 늙지 않는다

2011년 3월 5일 1판 1쇄 인쇄
2011년 3월 15일 1판 1쇄 발행

지은이   묘원
펴낸이   곽준
디자인   송인숙

펴낸곳   (주)도서출판 행복한 숲
등 록   2004년 2월 10일 제16-3243호
주 소   서울시 강남구 논현동 98-12 청호불교문화원 나동 306호
전 화   02-512-5255, 512-5258
팩 스   02-512-5856
카 페   cafe.daum.net/vipassanacenter
이메일   sukha5255@hanmail.net

ⓒ묘원, 2011

ISBN 978-89-93613-19-3   00220
값 8,000원

잘못된 책은 바꾸어 드립니다.